eビジネス新書

No.41

経済

M&A マフィア

週刊東洋経済 eビジネス新書 No.416

M&Aマフィア

本書は、東洋経済新報社刊『週刊東洋経済』２０２２年3月１２日号より抜粋、加筆修正のうえ制作しています。情報は底本編集当時のものです。（標準読了時間　９０分）

M&Aマフィア　目次

〔プロローグ〕歴史的買収合戦の舞台裏

暗闘するM&Aマフィア

2021年9月初旬、コロナ禍で4度目となる緊急事態宣言が発令されている中、極秘のオンライン会議が開催された。

議題は、ある企業が進めているM&Aの戦略についてだ。パソコンの画面には、FA（フィナンシャルアドバイザー）を務める証券会社をはじめ、弁護士やIR（投資家向け広報）会社、PR会社など、関係するメンバーが勢ぞろいした。

「この提案なら相手企業の株主も納得してくれるはず。強気にいきましょう」。専門家たちからのアドバイスを受け、企業は勝負に打って出ることを決めた。

会議の主催者は、ディスカウントストアのオーケーだ。オーケーは21年6月9日に関西スーパーマーケット（現関西フードマーケット）に対し、水面下で買収を提案。

しかし関西スーパーが、8月31日になって突如エイチ・ツー・オー リテイリング（H2O）との経営統合を発表したため、オーケー側はまるで蜂の巣をつついたような事態になってしまったのだ。

当初オーケーは、関西スーパーがH2Oと手を組むなど「1ミリも考えていなかった」（関係者）。そこで急きょ、専門家たちを招集し、助言を求めたわけだ。

9月3日にオーケーは、水面下で進めてきた関西スーパーに対するTOB（株式公開買い付け）の意向を表明。ここから熾烈なバトルが幕を開ける。

この案件は一見すると、関西スーパーが欲しいオーケーと、H2O傘下に入りたい関西スーパーとの戦いに思える。しかし実際に戦局を動かしていたのは、それぞれの企業についた専門家たちだった。

専門家たちが入り乱れ

まず動いたのはFAだ。オーケー側には三菱UFJモルガン・スタンレー証券がつき、TOB価格の算定を行った。つけた金額は1株2250円。関西スーパーの上場来高値と同額だ。「この金額であれば、株主が損をすることはない」（関係者）。オーケーは強気になった。

ところが関西スーパーもこれに対抗する。FAのアイ・アールジャパン（以下、IRJ）はH2Oと経営統合した際の株価を算定、同2400〜3018円という評価を提示し、9月24日に公表。H2Oと組むメリットを株主にアピールしていく。

もちろん金額はあくまで判断材料の1つで、それだけで勝敗が決まるわけではなく、最終的には株主の判断に委ねられる。結果、関西スーパーの臨時株主総会が10月29日にセットされた。

総会に向けては、IR会社とPR会社が奔走した。関西スーパーのIRを担ったIRJは、FAとは別にチームを組成。投資家一人ひとりに電話をかける〝じゅうたん爆撃〟を仕掛ける。

オーケー側は、PR会社のボックスグローバル・ジャパンがメディア戦略を展開。大手新聞や雑誌だけでなく、関西の地方メディアにも積極的に社長を登場させ、個人投資家の囲い込みを狙った。

両者の力が拮抗した結果、株主総会は史上まれに見る接戦となった。結果の公表は遅れに遅れ、総会の議長であった関西スーパーの福谷耕治社長（当時）は「非常に僅差です」「いましばらくお待ちください」と何度も繰り返した。

2時間以上を経て公表された結果は、賛成率66・68％。可決に必要な3分の2のラインをわずか0・02％ポイント上回る僅差で関西スーパーの勝利となった。

関西スーパーに対するTOBの経緯

	オーケー	H2O	関西スーパー
2016年 4~9月	関西スーパー株を大量取得		
10月		関西スーパーと資本業務提携	
21年 6月9日	関西スーパーに買収提案		
7月3日			オーケー案を検討する特別委員会設置
8月31日		関西スーパーがH2O傘下に入ると発表、臨時株主総会の開催を発表	
9月3日	議案否決を前提とする関西スーパーへのTOBを表明		
10月29日	臨時株主総会でH2Oとの統合がギリギリで可決（66.68%）		
	総会の議決権行使に異議申し立て		
11月22日	神戸地裁がオーケーの申し立てを認め、統合差し止めの仮処分		
24日			神戸地裁に保全異議を申し立て
26日	神戸地裁が異議を棄却、統合を延期		
30日			大阪高裁に保全抗告を申し立て
12月7日	大阪高裁が保全抗告を認め、地裁判断を取り消し		
8日	大阪高裁に許可抗告を申し立て		
14日	最高裁がオーケーの許可抗告を棄却、統合が認められる		
	買収を断念	統合が成立	

出所）取材を基に東洋経済作成

法廷闘争に発展

ところが、ここで前代未聞の問題が発覚する。ある株主が白票として投じた票を「賛成」としてカウントしていたのだ。通常、白票は「棄権」と見なされる。もし棄権であれば、賛成率は65・71％に低下し、否決されてしまう。

一方で、この株主は事前に議決権を行使し、賛成していた。投票用紙の回収時には、賛成の意思も表明していた。

この白票をどう扱うべきかをめぐって騒動は泥沼化。法廷闘争にもつれ込む。

関西スーパー側についた森・濱田松本法律事務所の弁護士は「こんな案件は裁判所も初めて。判断材料が必要だ」と、大学教授たちとのネットワークを駆使。意見書を出すよう働きかけた。

実は、森・濱田松本の弁護士は総会当日にも重要な働きをしていた。総会に立ち会い「賛成にする処理が正しい」とアドバイスしていたのだ。「株主の意思を確認し、委任状や事前行使結果も含めて賛成と見なせると判断。後に残る形で証拠も残した」

（同）という。

結果、最高裁判所はこの処理を認め、関西スーパーはH2Oとの経営統合を実現。オーケーは買収を断念した。

衆人環視の下で進む「劇場型」のM&A案件では、重要な局面でさまざまなプレーヤーたちが入り乱れ、案件の成立を目指して奔走している。そんな彼らは、「M&Aマフィア」と畏怖される存在だ。企業同士のバトルであっても、実際は彼らが闘いを左右しているといっても過言ではなく、M&Aにおける陰の主役なのだ。

増える劇場型案件

そんなM&Aマフィアたちの存在感は日に日に高まっている。

次表は直近3年間で話題となった劇場型のM&A案件と、それに関わったプレーヤーの一覧だ。すべてが明らかになったわけではないが、取材を基にどんなプレーヤーが関わっているのかをまとめた。

初公開！M&Aの黒子たち ―主な案件のFAと弁護士事務所―

	買い手	売り手	形態	買い手FA	売り手FA	買い手弁護士	売り手弁護士
2019年	HOYA	ニューフレアテクノロジー	TOB(中止)	大和	みずほ	海外事務所	森・濱田松本
	米フォートレス	ユニゾHD	TOB(不成立)	SMBC日興	三菱UFJモルガン・スタンレー／大和／KPMG		西村あさひ／TMI総合など
	伊藤忠商事	デサント	TOB(成立)	GCA(現フーリハン・ローキー)	三菱UFJモルガン・スタンレー／PwC	長島・大野・常松／海外事務所	森・濱田松本
	米ベインキャピタル	廣済堂	TOB(不成立)	SMBC日興	山田コンサル	アンダーソン・毛利・友常	西村あさひ／祝田
20年	ニトリHD	島忠	TOB(成立)	大和	野村	アンダーソン・毛利・友常	森・濱田松本
	DCMHD	島忠	TOB(不成立)	SMBC日興	野村	佐藤総合	森・濱田松本
	三井不動産	東京ドーム	TOB(成立)	PwC	GCA	柴田・鈴木・中田	西村あさひ
	アークランドサカモト	LIXILビバ	TOB(成立)	グリーンヒル	フロンティア・マネジメント	高井&パートナーズ	西村あさひ
	前田建設工業	前田道路	TOB(成立)	大和	SMBC日興	瓜生・糸賀	TMI総合／長島・大野・常松
	シティインデックスイレブンス(村上系ファンド)	東芝機械	TOB(撤回)		PwC		西村あさひ
	コロワイド	大戸屋HD	TOB(成立)	笠原公認会計士事務所	フロンティア・マネジメント	西村あさひ	森・濱田松本／外苑
21年	SBIHD	新生銀行	TOB(成立)	シティG	三菱UFJモルガン・スタンレー	西村あさひ	アンダーソン・毛利・友常
	ゴールドマン・サックス／ENEOS	NIPPO	TOB(成立)	ゴールドマン・サックス／三菱UFJモルガン・スタンレー	みずほ	アンダーソン・毛利・友常／西村あさひ	森・濱田松本
	アジア開発キャピタル	東京機械	TOB(撤回)			OMM	西村あさひ
	シティインデックスイレブンス(村上系ファンド)	日本アジアG	TOB(成立)		GCA／プルータス・コンサルティング		アンダーソン・毛利・友常
	ストラテジックキャピタル(旧村上ファンド系)	京阪神ビルディング	TOB(不成立)				アンダーソン・毛利・友常
	出光興産	東亜石油	TOB(不成立)	ゴールドマン・サックス	野村	西村あさひ	アンダーソン・毛利・友常
	オーケー	関西スーパーマーケット	TOB(撤回)	三菱UFJモルガン・スタンレー	IRジャパン	長島・大野・常松	森・濱田松本
	エイチ・ツー・オーリテイリング	関西スーパーマーケット	経営統合	SMBC日興	IRジャパン	西村あさひ	森・濱田松本

(注)社名は案件発生時点。一部略称。空欄は不在もしくは不明　(出所)取材を基に東洋経済作成

これを見ると、アクティビスト（物言う株主）から攻勢を受けたり、対抗ＴＯＢが提案され買収合戦にもつれ込んだりする案件が増えていることがわかる。そうした案件では専門知識に加え、勝利に導く戦略が必要。そこで買い手と売り手双方のバックに、有力なＭ＆Ａマフィアたちがついているのだ。

にもかかわらず、彼らの存在や業務内容は一般にあまり知られていない。というのも、彼らは守秘義務を順守し、案件については口を開かないからだ。そこでこの特集では、関係者への取材を基に、彼らの知られざる素顔を明らかにしていく。

（藤原宏成）

「乗っ取り」から「TOB」へ

ビジネスになったM&A

「M&A」が日本の新聞紙面に登場するのは1980年代前半のこと。それまで企業の合併・買収といえば「乗っ取り屋」の世界だった。

戦前では「強盗慶太」の異名を持つ東急グループ創業者・五島慶太氏の三越買収計画、戦後は横井英樹氏の白木屋買収画策などが特筆される。

白木屋騒動では最終的に五島氏が横井氏から株を買い取り、白木屋は東急百貨店日本橋店となった。横井氏が買収資金の返済をめぐって暴力団の襲撃を受けるなど、きな臭い展開もあった。

戦後最大の乗っ取り事件といわれた三光汽船によるジャパンライン株買い占めでは、フィクサーの児玉誉士夫氏が仲裁に入り、最後はジャパンラインが三光汽船から高値で株を引き取ることになる。

大きく変貌した企業買収

M&Aをめぐる主な出来事

乗っ取り屋	1938年	**五島慶太氏**が東横百貨店と三越の合併を画策
	53年	**横井英樹氏**が白木屋株を買い占め
	66年	**小佐野賢治氏**の国際興業グループが箱根富士屋ホテルを買収
	72年	**児玉誉士夫氏**が三光汽船のジャパンライン乗っ取りに介入
仕手集団	79年	**加藤暠**(あきら)**氏**の誠備グループが宮地鉄工所株で仕手戦
	87年	**小谷光浩代表**率いるコーリン産業が蛇の目ミシン工業株を買い占め
		池田保次代表率いるコスモポリタンがタクマ株を買い占め
	89年	**ブーン・ピケンズ氏**が小糸製作所に対し買収攻勢
		秀和が忠実屋といなげやの株を大量取得し再編を提案
物言う株主	2000年	**村上ファンド(MAC)**が昭栄に日本初の敵対的TOBを仕掛ける
	07年	**スティール・パートナーズ**がブルドックソースに敵対的TOBを仕掛ける
	13年	**サード・ポイント**がソニーに一部事業の分社化を要求
劇場型TOB	19年	伊藤忠がデサントに敵対的TOBを実施
	20年	**シティインデックスイレブンス**が東芝機械にTOBを仕掛ける
		島忠へのTOBをめぐり、ニトリホールディングスとDCMホールディングスが争奪戦
	21年	関西スーパーをめぐり、エイチ・ツー・オー リテイリングとオーケーが争奪戦
		新生銀行に対しSBIホールディングスが敵対的TOBを実施

(注)案件は主なもの　(出所)取材を基に東洋経済作成

「バブルの紳士」が跋扈

1980年代にはバブル期のカネ余りを反映して、特定銘柄の株価を吊り上げて売り抜ける仕手集団が跋扈（ばっこ）した。「兜町の風雲児」といわれた加藤あきら氏の誠備グループが買い占めた宮地鉄工所株が急騰して話題となり、同氏が関わる「K銘柄」は有名に。

小谷光浩代表の光進（コーリン産業）は蛇の目ミシン工業株や国際航業株を買い占め、日本初の「敵対的M&A」ともいわれた。

ただ、加藤氏は株価操縦の疑いで、小谷氏は株買い取りをめぐる恐喝容疑で逮捕され、仕手集団はバブル崩壊とともに鳴りを潜めていく。

「物言う株主」という言葉は90年代から散見されたが、この言葉が流布したのは2000年に村上世彰氏の村上ファンドが不動産会社の昭栄に敵対的TOBを仕掛けてからだ。が、06年に村上氏はライブドアによるニッポン放送株買収をめぐってインサイダー取引容疑で逮捕される。さらに米スティール・パートナーズがブルドックソースに仕掛けた敵対的ＴＯＢは訴訟に発展。スティール・パートナーズが裁判所から「濫用的買収者」のレッテルを貼られるに及び、「物言う株主」は「悪」とのイメージが定着してしまう。

転機は２０１４年。安倍政権の肝煎りで「日本版スチュワードシップ・コード」が導入され、機関投資家は株主価値の向上を第一に行動するよう求められる。その結果、事業再編や資本効率向上を目指すアクティビストの提案に耳を貸す企業も増えている。

一方で、水面下の対話がこじれ、投資家の理解を得ようとアクティビストなどが株主提案をあえて公表する「劇場型ＴＯＢ」も珍しくなっている。

（森　創一郎）

登場プレーヤーを徹底解説！

【図解】M&Aマフィア全解剖

M&Aにおいては、おのおの専門性を持ったM&Aマフィアたちがチームを組んで案件を成功に導く。

ここでは、実際にM&Aを進める際のプロセスに基づいて、どの局面でどんなプレーヤーが登場するのかを図解した。

マフィアたちが続々参戦

企業がM&Aを検討した段階で、まず相談するのがフィナンシャルアドバイザー（FA）だ。FA側からM&Aを提案するケースも少なくない。

その後、ＦＡから弁護士に招集がかかる。弁護士は、ＦＡと協力しながら法的な観点からアドバイスを行い、Ｍ＆Ａのスキーム作りを進めていく。

スキームの全体像が決まると、デューデリジェンス（ＤＤ）に移る。ＤＤとは、買収対象となる企業の資産価値やリスクを調査する作業だ。

対象企業の資産価値の算定はもちろん、貸借対照表に載っていない債務がないか、取引に問題がないかなど、あらゆるリスクを事前に把握し、適切な買収価格を算出していくわけだ。ＤＤは法務、財務、税務といった項目に分かれているが、その多くは会計士たちが担う。

通常のＭ＆Ａの場合は、ここから交渉、契約に移っていくが、いわゆる劇場型の敵対的ＴＯＢ案件の場合は、より多くのプレーヤーが参戦する。

ＴＯＢが成立するかどうかは、どれだけの株主がＴＯＢに応じるかに懸かっている。そのため、現在株を保有しているのは誰なのか、彼らは賛同してくれるのかを細かく把握する必要が出てくる。そこで登場するのがＩＲ会社。株主判明調査や機関投資家へのアプローチでＴＯＢ成立の可能性を上げていくのだ。

それでもなお成立が危うい場合は、ＰＲ会社が登場する。メディアへの情報発信を通じて個人投資家に訴えかけていく。ＴＯＢ後のイメージ悪化を避けるため、発信する際の見せ方をプロデュースしたりもする。

その後、買収が成立すると、統合プロセスに移っていく。ここでは、企業に常日頃からアドバイスを行っているコンサルティング会社が中心を担うことが多い。

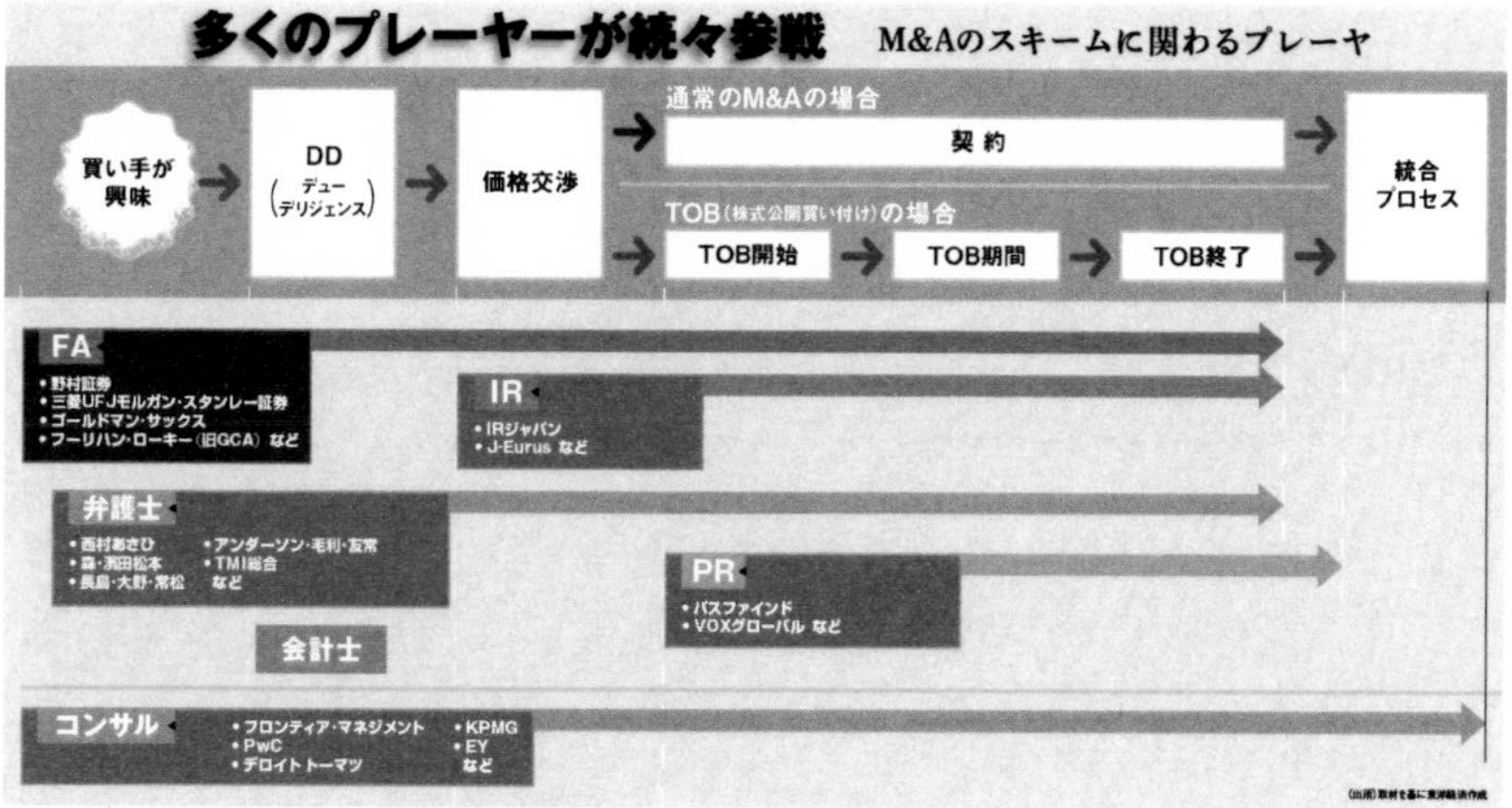
多くのプレーヤーが続々参戦
M&Aのスキームに関わるプレーヤ
買い手が興味
DD（デューデリジェンス）
価格交渉
通常のM&Aの場合
契約
TOB（株式公開買い付け）の場合
TOB開始
TOB期間
TOB終了
統合プロセス
FA
・野村証券
・三菱UFJモルガン・スタンレー証券
・ゴールドマン・サックス
・フーリハン・ローキー（旧GCA） など
IR
・IRジャパン
・J-Eurus など
弁護士
・西村あさひ
・森・濱田松本
・長島・大野・常松
・アンダーソン・毛利・友常
・TMI総合
など
PR
・パスファインド
・VOXグローバル など
会計士
コンサル
・フロンティア・マネジメント
・PwC
・デロイトトーマツ
・KPMG
・EY
など
（出所）取材を基に東洋経済作成

これが、実際のM＆A案件の大きな流れだ。ここからはそれぞれのプレーヤーの業務について、詳しく解説していく。

（藤原宏成）

FAは「扇の要」 専門家チームのまとめ役

「絶対に社長と村上さんを会わせてはダメです」。2019年末、あるフィナンシャルアドバイザー（FA）はそう忠告した。

忠告の相手は、20年に村上世彰氏が関与するファンドから敵対的TOB（株式公開買い付け）を仕掛けられた東芝機械（現芝浦機械）だ。

話はTOBの少し前にさかのぼる。村上氏は19年末から東芝機械の株式保有比率を徐々に上げていた。そうした中、村上氏から東芝機械に一本の電話が入る。

「一度、話を聞いてほしい」。村上氏は当時の社長を指名し、面会を求めてきたのだ。

このとき、東芝機械側は関係のある証券会社などに意見を聞いて回った。もらったアドバイスの多くは「どうぞ、会ってください」というもの。当時、経営陣もそれほどの危機感は抱いていなかったこともあり、面会をセッティングする方向で動いていた。

ところが冒頭のＦＡだけは違った。過去に村上氏が絡む案件を何度も経験しており、その戦略を熟知していたのだ。「雑談するからというニュアンスで社長に会わせろと言ってくるのが村上さんの常套手段。会って、相づちを打っただけで、後々『賛同した』と言ってくるのが村上さんだ」（冒頭のＦＡ）。

最初に助言した証券会社の中には、「過去に村上さんを追い払った経験があるから」と自信満々なところもあったが、村上氏は内部留保をほとんど吐き出させ用済みになったから出ていっただけ。このＦＡは、「目的を果たせば去っていくのは当たり前で、それは追い払ったとはいえない。態勢を整えるまで絶対に会ってはダメだとアドバイスした」と明かす。

助言を受けた東芝機械は、面会の実施を再検討。最終的には、社長自身に急きょ重要な予定が入ったこともあり、「他の株主と同様、ＩＲ担当者が対応する形をとった」（東芝機械関係者）。このとき、ＩＲ担当者として村上氏と対峙したのが、のちに芝浦機械の社長に昇格する坂元繁友氏だった。

■買収防衛策で村上氏を撃退

—東芝機械に対するTOBの経緯（2020年）—

1月16日	村上世彰氏が東芝機械（現：芝浦機械）にTOB（株式公開買い付け）を通告
17日	東芝機械が村上氏によるTOB通告と買収防衛策を公表
20日	旧村上ファンド系のシティインデックスイレブンスが東芝機械へのTOBを発表
21日	TOB開始（3月4日まで）
22日	村上氏が東芝機械に、買収防衛策の導入や発動を問う臨時株主総会の開催を要求
28日	東芝機械が意見表明の「留保」を発表。臨時株主総会を開催する方針を発表
2月4日	東芝機械が中期経営計画を発表
12日	東芝機械がTOBへの「反対」を表明、3月27日の臨時株主総会に向け、TOB延長を要請
18日	TOB期限を4月16日に延長
3月6日	村上氏が買収防衛策可決時のTOB撤回を公表
12日	米議決権行使助言会社のISSが、買収防衛策導入・発動議案への賛成を推奨
27日	臨時株主総会で買収防衛策の導入・発動を可決（賛成62%）
4月1日	東芝機械が芝浦機械に社名変更
4月2日	シティインデックスイレブンスがTOBの撤回を表明

（出所）取材を基に東洋経済作成

助言が勝敗を左右

その後の展開は前表のとおりだ。2020年1月に村上氏がTOBを開始。東芝機械はすぐにFA、弁護士、IR会社、PR会社を集めてチームをつくり対抗する。

FAはチームの指揮を執り、戦略の策定や情報共有に動いた。相手の動向に合わせて、即座に対応を検討、次々助言を行った。

焦点となったのが、〝奇策〟といわれた「有事導入型」の買収防衛策の導入だ。買収防衛策は、平時の株主総会で承認を得てから導入する「事前警告型」が一般的。買収を仕掛けられてから防衛策を導入するなどありえない話だった。

そこでFAは、弁護士たちと協議して策を練る。取締役会ではなく、株主総会に諮れば（TOB開始後でも）導入できるのではないか——。村上氏からの要求もあり、3月27日に臨時株主総会を開催して株主に諮るという決断に至る。

とはいえ東芝機械側は明らかに劣勢だった。株の12％は村上氏が握っているうえ、機関投資家は一般的に買収防衛策には否定的。ましてや有事導入型ということもあり

「半数の賛成が取れるかギリギリの状況だった」とFAは明かす。

そうした状況の打開策が、議決権行使助言会社への働きかけだった。彼らの賛成推奨が得られれば、海外投資家の多くが賛成になびく。だが、助言会社が買収防衛策への賛成を推奨するケースは過去にほとんどなく、難易度は高かった。

FAをはじめとするチームは助言会社をどうやって説得するか徹底的に議論。以前から策定作業を進めていた中期経営計画を丁寧に説明し、経営陣の保身ではないことを強調するなど、IR会社を通じて働きかけた。

この結果、米議決権助言会社・ISSの賛成推奨を得ることに成功。それが奏功し、総会でも62％の賛成という予想を上回る大勝利となった。有事導入型の防衛策には賛否両論あるが、導入事例が増えるきっかけになったのは間違いない。

その後、社名を変えた芝浦機械の株価は上昇。21年12月には、村上氏が提示したTOB価格の3456円を上回るなど、株主に対しても一定の結果を示すことができた。

坂元社長は、「FAがいなければ、過去の事例も対応方法もわからなかった」と振り返る。FAの力量が勝敗を左右したといっても過言ではない。

FA業務は総合格闘技

この事例からもわかるとおり、M&AでFAが果たす役割は金融面のアドバイザーにとどまらない。

あるベテランFAは、FAの業務を「総合格闘家」と表現する。「法務、財務、税務、国際関係といった知識はもちろんのこと、企業や投資家の心理的な部分まで理解していなければ、FAは務まらない」(同)と言うのだ。

ではFAはどんな業務をこなしているのか、詳しく見ていこう。まず、金融的な側面でFAが担当している業務が2つある。「スキーム策定」と「価格算定」だ。

一口にM&Aといっても、株式譲渡で経営権を取得したり、事業譲渡で事業のみを取得したり、果てはTOBに至るまでその手法は多岐にわたる。

さらに、元手となる資金をどう調達するかという問題もある。新株発行か借り入れか株式交換かなど、何がベストか精査する必要があるのだ。というのも、選んだ選択肢によって得られる利益や税金の額が大きく変わってくるからだ。

手続きもそれぞれで異なるため、M&A成立までの時間やコストにも差が出てくる。仮にTOBを選択すれば、最低でも20営業日の買い付け期間を要するし、作成する書類なども膨大になってコストが増えてしまう。

つまり、こうした複数の選択肢を組み合わせ、最も有利なスキームをつくるのが、金融知識が豊富なFAの役割というわけだ。


手法を定めたうえで、その企業をいくらで買うか決めるのが価格算定だ。計算方法はいくつもあるが、よく用いられるのは「DCF（割引キャッシュフロー）法」と「類似会社比較法」の2つだ。

DCF法は、将来その企業が生み出すキャッシュフローを基に現在の価値を割り出す方法だ。将来発生しうる利益とリスクを比較して、価値を割り出していく。

類似会社比較法では、対象となる企業と類似する企業の株価などを比較して算出する。その業種に対するマーケットの評価を基に、対象企業の価値を割り出す。

こうした計算方法を複数用いて価格を何通りもシミュレーション。それらを比較し、最も有利な価格を決定していく。

こうして決めたスキームと価格を基に、案件を進めていくわけだが、金融面のこと以外にもＦＡには重要な業務がある。チームを組成して運営・管理を行い、交渉を進めるという業務だ。

スキームを決めていることからもわかるとおり、ＦＡはかなり早い段階から案件に携わる。企業側の経験が不足している場合、弁護士事務所をどこにするか、ＩＲ会社やＰＲ会社は必要かなどを検討、ベストなチームづくりを進める。そのうえでメンバーに方針を伝えて役割分担し、専門的な作業を割り振って戦略を練り上げていく。例えば、法的な問題があれば弁護士に依頼や問い合わせをし、株主対策が必要であればＩＲ会社に株主判明調査や投資家回りを依頼する。メディア対策はＰＲ会社に相談するといった具合だ。

さまざまな情報を入手し、進捗を管理するのもＦＡの仕事だ。例えば、デューデリジェンスを担うのは会計士だが、必要な書類はＦＡが取り寄せるなどプロセス管理も担っている。

■ 戦略策定から情報共有までを総合サポート
―FA業務のイメージ―

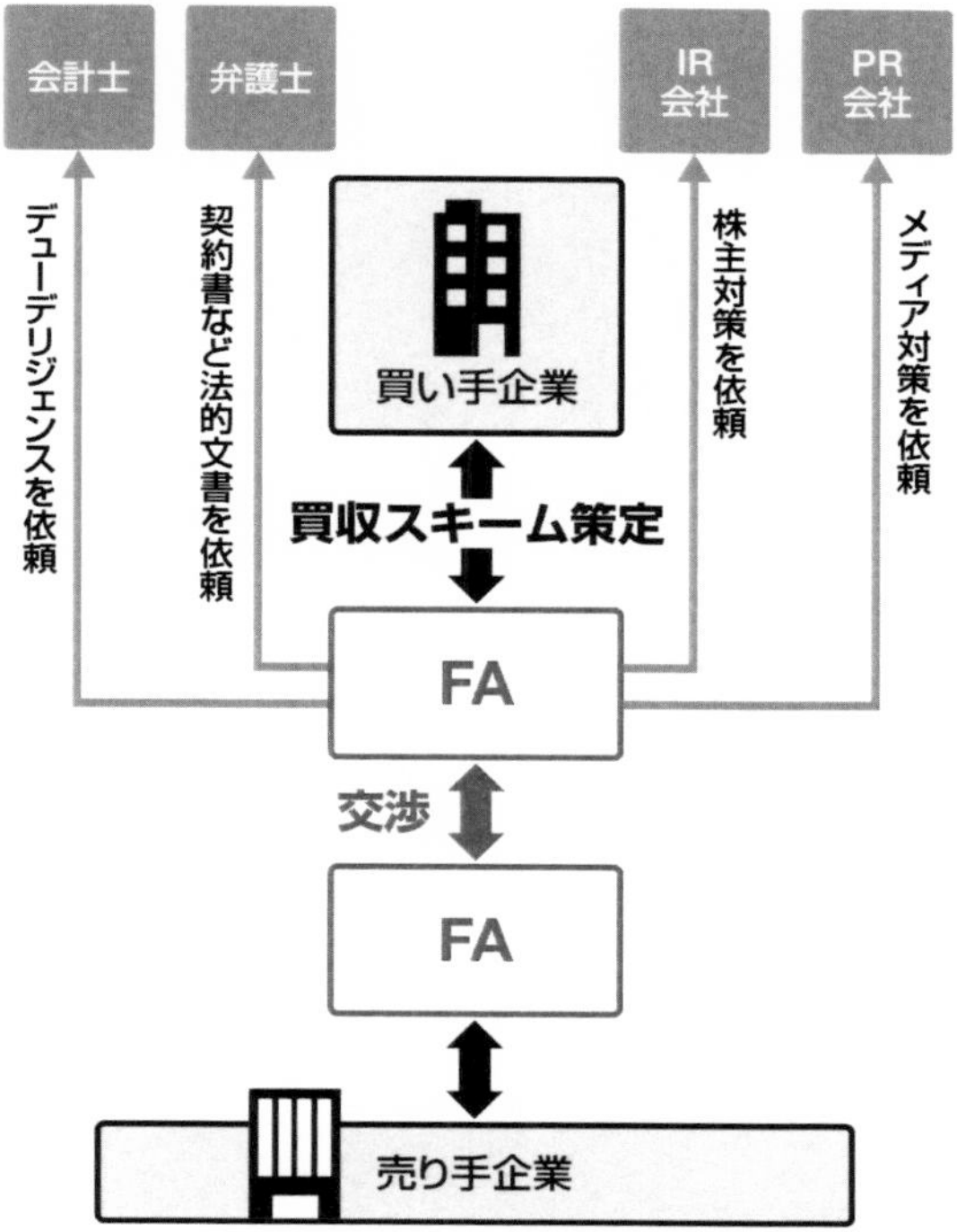

（出所）取材を基に東洋経済作成

交渉では前面に

そしてFA最大の業務は、何といっても相手企業との交渉だ。

売り手、買い手双方にFAがつき、交渉は基本的にFA同士が進める。訴訟における弁護士や、交通事故における損害保険会社と同様に、専門家同士が交渉を行うわけだ。専門知識が必要なうえ、将来的に合併する可能性などもあり、両社の関係性が悪くなるのを避けるためだ。

当然、交渉の大部分は価格のことが占める。多くの場合、最初にお互いが提示した金額の中間程度に落ち着くが、売り手と買い手の思惑は対立するため、ギリギリの交渉が行われるという。

「買い手側は過去の事例を示して価格の引き下げを、売り手側は少数株主の利益を理由に引き上げを狙うなど、交渉だけで長期間に及ぶことはざら」（大手証券会社のFA）という。

多岐にわたる業務を担うFA。だが、案件が動いていない平時に、企業との関係を構築しているＦＡも少なくないという。

「事業には詳しくても金融面に疎い経営者は多い。さらに経営者は孤独で、社内に相談できる相手がいないことも多い。そのため、日頃から経営者の相談相手になってさまざまなアドバイスをしている。関係性ができていれば有事の際に迅速に対応でき、メリットも大きい」（冒頭のＦＡ）

つまりＦＡは、Ｍ＆Ａの「扇の要」であり、「よろず屋」といえそうだ。

（藤原宏成）

「株主の視点に立てとFAが教えてくれた」

芝浦機械　社長・坂元繁友

ＦＡ（フィナンシャルアドバイザー）たちの活躍もあり、村上世彰氏が関与するファンドによるＴＯＢに勝利した芝浦機械。その勝利のカギはどこにあったのか。坂元繁友社長に聞いた。

――村上氏が株を買い増す中、どう態勢を整えたのでしょうか。

村上さんが動き出す前から、ＦＡや弁護士とはコミュニケーションを取っていた。東芝から独立し、一般の株主と向き合うことが増える中で、アクティビストが出てくることを予想していたからだ。だから、かなりの人に相談をしていた。

村上さんが動き始めてからは、その中から社風や信念を理解してくれる人に絞っていった。

というのも、われわれは設備産業で大儲けはできないが、中長期では利益を上げている。配当もしっかりと出し続けている。だから村上さんが言う、「短期的に利益を上げて還元をしろ」という考え方とは相いれない。

ＦＡの中には金融的な発想から「余剰資金をなくしてしまえばいい」と言う人もいたし、「お金があるなら非上場化すればいい」などと言う人もいた。しかし、最終的に選んだＦＡは、資金をどう使うかしっかり主張し、真っ向勝負すべきだと言ってくれた。

――勝負の決め手となったアドバイスはありますか。

村上さんは当初、「社長に会いたい」と言ってきた。私としては、何で社長にこだわるのかまったくわからなかった。相手が村上さんで、要求されたからと言って社長が会ってしまえば、他の株主に不公平になってしまう。

そこでＦＡに聞いたところ、「実は過去にこういう話がありまして」と事例を教えてくれた。実際、後から調べてみると、そこから大変な目に遭った会社は多々あった。こうした事情はやはり専門家でないとわからない。

結果的に、慎重に対応したことは間違いではなかったと思う。

――焦点となった買収防衛策でも助言は受けたのでしょうか。

正直言って、総会で勝つのは厳しかった。勝敗のカギになったのは「少数株主の保護」という主張だったと考えている。株主が意見を言えないまま、株を売らざるをえない状況になってしまう可能性があるのは問題だというもので、その点を株主に理解してもらえたから勝てたのだと思う。

われわれだとどうしても会社の理屈で考えてしまうが、ＦＡから「株主からどう見られるかという視点が重要なのだ」と教えてもらった。単にアクティビストに反論するのではなく、株主の視点に立ち、「株主のために必要なことは何か」を主張したことは大きかったと思う。

――今後、有事の際にはまたFAたちを頼るのでしょうか。

経験を積んだとはいえ、自社でこの機能を持ち続けるのは無理。情報をつねにアップデートしないといけないし、入手できない情報もある。コストもかかるので、専門家を頼らないと難しいだろう。

アドバイザーたちとは、今でもコミュニケーションを取っている。事が起こって丸投げするというのではなく、普段から状況を共有し、有事の時には助けてもらえるような関係を保つことが重要だ。

(聞き手・田島靖久、藤原宏成)

坂元繁友(さかもと・しげとも)

1983年明治大学工学部卒業、東芝機械(現・芝浦機械)入社。企画部長、常務執行役員、専務執行役員などを経て、2019年副社長執行役員。20年2月から現職。

弁護士・IR会社・PR会社のトライアングル

2021年夏、西村あさひ法律事務所の弁護士、太田洋の元に1本の連絡が入った。

「助けてやってほしい」

連絡の主は、輪転機メーカー最大手・東京機械製作所の取引先。東京機械は国内の新聞各社にとって欠かすことができない存在だ。

東京機械は、投資会社のアジア開発キャピタルに株を買い占められていた。発覚した時点でアジア開発は子会社と共同で8%余りを取得。東京機械側の初動ミスがたたり、8月下旬時点で4割近くまで買い占められるなど、絶体絶命に陥っていた。これを見かねた取引先が、わらにもすがる気持ちで太田に助けを求めたというわけだ。

誰の目にも手遅れの状態だったが、太田は引き受ける決断をする。依頼者のためなら負けを恐れずにリスクを取るべき——。それが太田の信念だったからだ。

ほかの弁護士であれば、自己株買いでアジア開発の保有株を買い取ったり、高配当を見返りに撤退してもらったりといった妥協の道を探っていたかもしれない。

しかし太田は東京機械にとって何が最良の道なのかを考え、ともに戦うことを決意。すぐさまＩＲ会社のアイ・アールジャパン（ＩＲＪ）と、ＰＲ会社のパスファインドに招集をかけた。

ＭｏＭ応用し打開

太田が頭を悩ませたのは、いかにして買収防衛策を導入するかだった。４割以上の株を握られている以上、単に臨時株主総会を開いて防衛策を導入しようとしても、否決されてしまうおそれが大きい。

そこで太田が考えついたのは「マジョリティ・オブ・マイノリティ（ＭｏＭ）」を防衛策の発動要件に応用することだ。アジア開発を除いた少数株主の最大多数の意思を株主総会で確認し、防衛策を導入するという作戦だ。

米国のＭ＆Ａでは頻繁に使われるが、本来ＭｏＭはＭＢＯや完全子会社化で少数株主の保護のために使われてきた。発動要件に応用した例は過去にない。株主平等の原則に照らしても、認められるかどうか微妙な、危うい道といえた。

唯一の望みは、裁判所の「防衛策導入は総会に諮るべき」というスタンスだ。株主に選ばれる立場の取締役会が、株主に確認せずに防衛策を導入するのはおかしい。そんな考えが裁判所には根強い。

会社法上、防衛策は取締役会決議だけで導入できる。だが、取締役会決議のみで防衛策を導入したニッポン放送は裁判で負けている。そのためMoMを使ってでも、少数株主の過半数の賛成を得ることが最優先課題となった。

そこで太田は、IRJに正確な票読みを依頼する。票読みには議決権行使を左右する本当の株主が誰なのかについて調べる「実質株主判明調査」が必須だったからだ。この票読みこそIRJの得意とするところだ。

議決権行使助言会社への説得もIRJの隠れた強みだ。IRJが説得すると、防衛策導入に「原則反対」を表明している米インスティテューショナル・シェアホルダー・サービシーズ（ISS）が「本件は例外」と認めた。ISSが賛成を推奨するリポートを出すなど、機関投資家が賛成してくれる舞台はしだいに整っていった。

それでも、「防衛策には反対票を投じる」といった内部ルールをかたくなに守ろうとする機関投資家は少なくない。そのためＩＲＪは、総会当日のギリギリまで投資家の意向把握に目を光らせた。

一方、パスファインドは東京機械の主張が正しいとみてもらえるよう世論の形成に動いた。依頼を受けたパスファインドは、アジア開発の株主に着目。株主関係図を作成し、東京機械の都並清史社長（当時）がインタビューを受けた際にメディアへ手渡した。

その結果、「アジア開発の背後にはどうやら怪しい〝金主〟がいて、輪転機という重要なインフラを支える実直な日本のメーカーが狙われているようだ」といった雰囲気の醸成に成功。効果はてきめんで、メディアの論調だけではなく、報道を通じて裁判所の判断にも少なからず影響を与えた。

これらの努力が実を結び、東京機械の臨時株主総会ではアジア開発を除いた少数株主の賛成多数を得る。裁判所はその結果を尊重した。負けてもおかしくない状況を、太田、ＩＲＪ、パスファインドという〝鉄のトライアングル〟がひっくり返した瞬間だった。

案件	勝敗
2020年 旧東芝機械 vs 村上系ファンド 主な結果 株主総会で有事型買収防衛策導入を可決し、アクティビストは撤退	○
2021年 東京機械製作所 vs アジア開発キャピタル 主な結果 買収防衛策に関する臨時株主総会議決を裁判所が支持。アジア開発は保有株の大半を新聞6社に譲渡	○
2021年 西松建設 vs 村上系ファンド 主な結果 伊藤忠商事と資本提携しアクティビストは撤退	○

(注)赤字は3者がついた企業
(出所)各社リリースを基に東洋経済作成

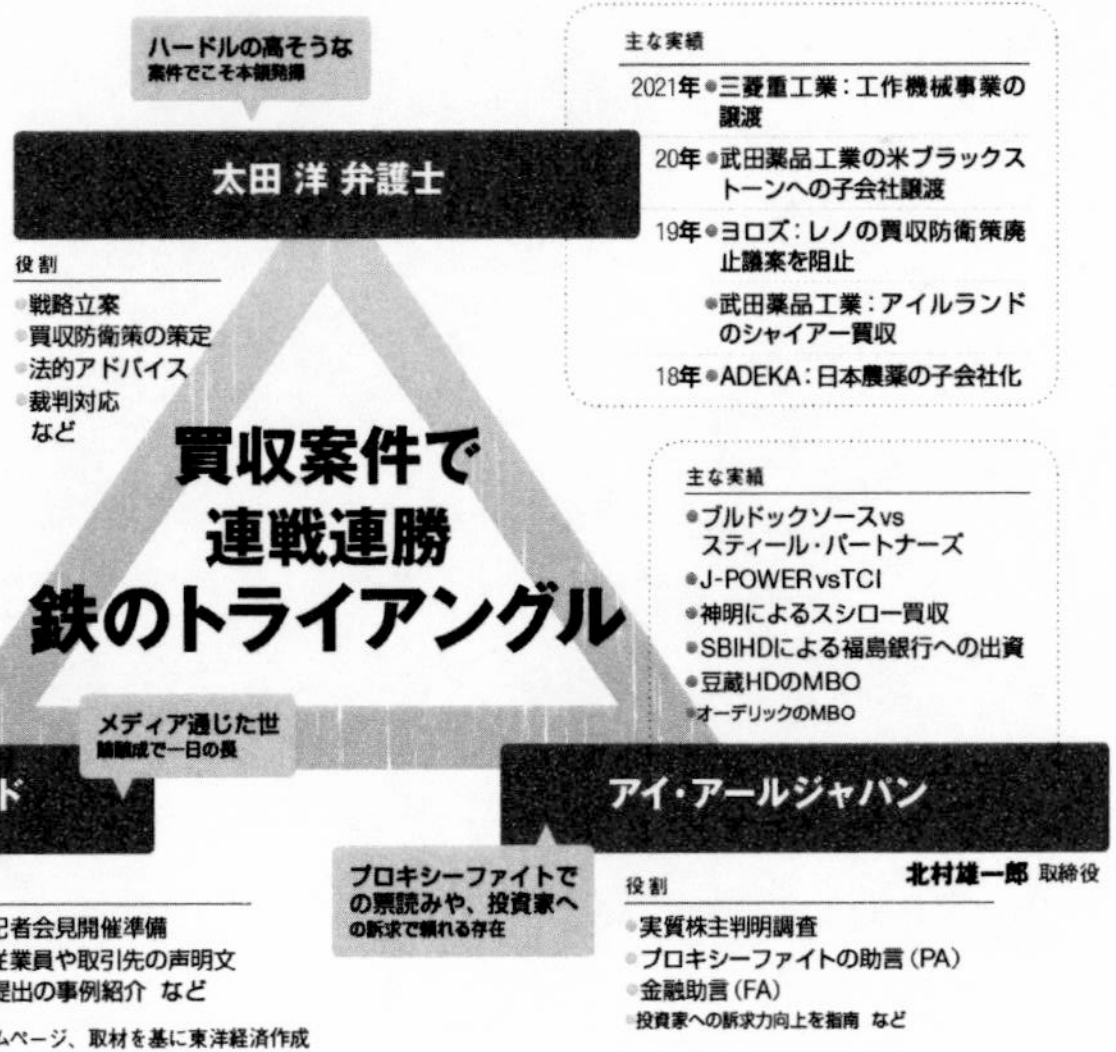
パスファインド
役割
情報発信
リリースの文言チェック
読者層を意識した取材設定

(注)HDはホールディングスの略　(出所)各社ホームページ、取材を基に東洋経済作成

全く新しい論点については、裁判所も学者の「意見書」を十分考慮する。東京大学の田中亘教授や、明治大学の弥永真生教授ら5人の法学者が意見書を提出。ＭｏＭを防衛策の発動要件とすることも適法との意見を示した。

「アカデミアとうまく連携した結果、裁判所がＭｏＭを応用する考えを受け入れてくれた」と太田は明かす。

こうしていったん幕を閉じたバトルだが、その後もアジア開発は3割を超える株を保有する筆頭株主として残った。しかし、経営に関与するには東京機械の抵抗が大きすぎると判断。年が明けてから和解交渉を開始した。和解は成立し、アジア開発は保有株の大半を、読売新聞東京本社や中日新聞社など東京機械の取引先である新聞6社へ3月上旬に譲渡した。

成立すれば強力だが

太田は、ＩＲＪやパスファインドとの仕事について「レスポンスが早い」と語り、やりやすさを感じている様子だ。ＩＲＪやパスファインド側も「あうんの呼吸で動ける」と太田に信頼を寄せている。

とはいえ3者は、すべての案件でトライアングルを組むわけではない。組もうとしたらすでに敵方についていた、ということもある。

とくにＰＲ会社は、パスファインドとボックスグローバル・ジャパンの2社による寡占状態だ。ある意味、早い者勝ちで、先に話があったサイドにつく。

ＩＲＪについても同様だ。東京機械とアジア開発のバトルでも、実はアジア開発が先に声をかけていた。ＩＲＪは断ったようだが、もし引き受けていればトライアングルは成立せず、東京機械の総会決議もどうなっていたかわからない。

ただ、アクティビストと対峙する案件ではトライアングルは成立しやすい。なぜなら、ＩＲＪやパスファインドはアクティビスト側につかないと決めているからだ。事実、村上系ファンドが攻勢をかけた東芝機械（現芝浦機械）や西松建設の案件でも、トライアングルは結成され、勝利を収めている。

ＭｏＭの応用や有事型の買収防衛策には、一定の批判があるのも確か。だが、依頼者のためにリスクをいとわず最善を尽くしてくれるという点では、企業にとって非常に心強いだろう。今後もさまざまな案件で、鉄のトライアングルは存在感を増していく。

（山田雄一郎）

（敬称略）

COLUMN

勝敗を左右する「意見書」 1本100万円単位！

会社法学者が提出する意見書がM＆Aの勝敗を左右することが珍しくなくなっている。東芝機械でも東京機械製作所でも、防衛側の意見書での主張が裁判所の判断に影響した。

会社法は解釈に幅があるほか、1つの論点に解釈論が複数あるのが普通だ。加えて防衛策には法的に不明確な点が多い。しかも裁判官の多くは、会社法のことをよく知らない。こうしたことが意見書の影響力を高める素地になっている。

意見書の作成は弁護士から依頼される場合がほとんどだ。会社法学者の論文を読み、クライアントに有利な論理を展開してくれそうな学者に弁護士が打診する。

またとない機会

法学者にとっては、自らの法解釈を裁判所に主張できるチャンスだ。最新の事件を詳しく知ることもでき、自らの研究に役立つ面もある。

報酬も魅力的だ。意見書は全体でせいぜい10～20ページだが、報酬は百万円単位だという。学者や案件によっては「200万円ということもある」(ある弁護士)。

本業の学術論文に比べれば目の飛び出るような高額だが、当事者の上場企業は弁護士やFAに数千万～数億円を払っている。それに比べれば意見書の報酬は全体の数％にすぎない。また、意見書を書いたことが表に出ることも少ないそうだ。

(山田雄一郎)

三田証券が人気を集める理由

日本橋兜町の東京証券取引所から目と鼻の先。そこに従業員わずか80人程度にもかかわらず、M&Aかいわいで知らない者はいない証券会社がある。その名は、三田証券だ。

三田証券が注目される秘密は、敵対的買収案件においても、TOBの代理人業務を積極的に引き受けることにある。

TOBでは、株主が応募する窓口としての証券口座が必要。しかし、大手証券会社はいわゆる引き受け業務を行っているため〝八方美人〟にならざるをえず、敵対的買収案件には長らく二の足を踏んでいた。そこを三田証券がかっさらっているのだ。

きっかけは、2012年に起きたゴルフ場運営大手のPGMホールディングス（H

D）による、アコーディア・ゴルフに対する敵対的TOB。この際、三田証券は弁護士事務所から依頼されPGM側の代理人を務めた。

以降、三田証券は敵対的TOBでも構わず代理人業務を引き受けている。最近の例では、東芝機械（現芝浦機械）や京阪神ビルディングにTOBを仕掛けた、村上世彰氏が関与する投資ファンド側の代理人になるなど、大型案件では必ずといっていいほど三田証券が代理人として顔を出している。

投資ファンドなど複数の買収者が入り乱れた19年のユニゾホールディングス争奪戦に至っては、4～5社から代理人業務を引き受けてくれと頼まれたというモテモテぶりだ。

敵対的買収は悪くない

大手が嫌がる敵対的TOBをいとわない理由について三田証券の三田邦博社長は、「既存株主にとって、敵対的買収は決して悪いことではない」と語る。

「日本にはPBR（株価純資産倍率）が1倍を割っている銘柄があまりにも多い。敵対的買収は、そうした企業に規律を与える。資本市場の活性化のためにも、意義があると判断すれば引き受ける」（三田社長）

それは対抗的なTOBであっても同じだ。「株主がTOB価格について満足していないケースも多く、対抗的なTOBを排除すれば、株主の選ぶ権利を消失させることになる。どちらがいいかは株主が選べばいいこと」（同）。

つまり株主にとってメリットがあり、ガバナンスの強化につながる案件であれば、それがたとえ敵対的であっても引き受けるという考えなのだ。

人気の秘密はそれだけではない。「ニコニコ価格」と三田社長は笑うが、フィーも割安で「大手の3分の1程度」（同）だという。「通常は弁護士に任せるような業務も、われわれでやってしまうから、余計なコストがかからない」（同）のが理由だ。

TOBの準備も最短で2週間とスピーディー。これまた業務の一部を自前でやってしまうからだ。さらに、対象となった企業の新たな株主は、オンラインで簡単に証券口座が開ける。TOB案件などは時間との勝負なだけに、依頼者の評判は高い。

こうした対応が可能なのは、「他社がやらなかった案件を先駆けてやり、相当の案件数をこなしてきたから」と三田社長は語る。

そうした過程で、知識やノウハウが蓄積してきたこともあって、最近ではフィナンシャルアドバイザーに近い業務もこなしており、さらに顧客の信頼を集めている。

「アクティビストや事業会社など、月に5～10件程度の依頼が来ている」と言う三田証券。今後、敵対的TOB案件の増加は確実で、さらに存在感を増しそうだ。

（田島靖久）

劣勢をはね返すためPR会社が繰り出す荒業

2018年10月25日。その日発売された『週刊文春』に、こんな大きな見出しが躍った。

「伊藤忠のドン岡藤会長の〝恫喝テープ〟」

当時、スポーツ用品大手のデサントは、筆頭株主の伊藤忠商事と対立を深めていた。デサントの経営停滞を受けて、伊藤忠は出資比率の引き上げや経営陣の刷新を求めていたが、デサント側は現体制での独自路線を主張し、首を縦に振らなかったからだ。

それればかりか伊藤忠から距離を置こうと、ワコールホールディングスと提携するなど、必死の抵抗を見せた。これに怒った伊藤忠は、デサント株を買い増し、30%近くを保有。デサントは絶体絶命の状況に置かれていた。

そうしたさなかに飛び出した文春の記事。内容は、デサントの石本雅敏社長が定例の決算報告をしに伊藤忠を訪れた際、伊藤忠の岡藤正広会長兼CEOと交わした会話の一部始終だった。

「伊藤忠の信用だけで借りてな、『独立独歩でやります』と。ここまでナメられたら、やってられへん。俺のことを馬鹿にしているのかというとるがな」

「今の経営体制っていうのは、それはもう、会社の社長としたら我々は認められないわ、な?」

そこでは、岡藤会長が石本社長に怒りを爆発させる様子がつまびらかにされていた。関西弁ということもあってタイトルどおり「恫喝」しているかのようだがそれはさておき、問題は参加者が限られた会談の内容が、なぜ文春の手に渡ったのかということだった。

事情に詳しい関係者は、「事態を打開したかったデサント側が会話を隠し録(ど)りしていた。そのテープがPR会社の手に渡り、旧知の文春記者に持ち込まれたようだ」(関係者)と明かす。

メディア使い働きかけ

ＰＲ会社といえば、商品や事業を文字どおりＰＲする会社がほとんどだが、ここで登場するＰＲ会社はちょっと毛色が違う。資本市場周りで活動することをなりわいとする会社が存在するのだ。

次図は敵対的買収（ＴＯＢ）提案を受けた企業が、提案を阻止するまでの対応を簡単にまとめたものだ。

■ メディアを使って個人投資家を動かす
―敵対的買収を仕掛けられた際のIR会社とPR会社の動き―

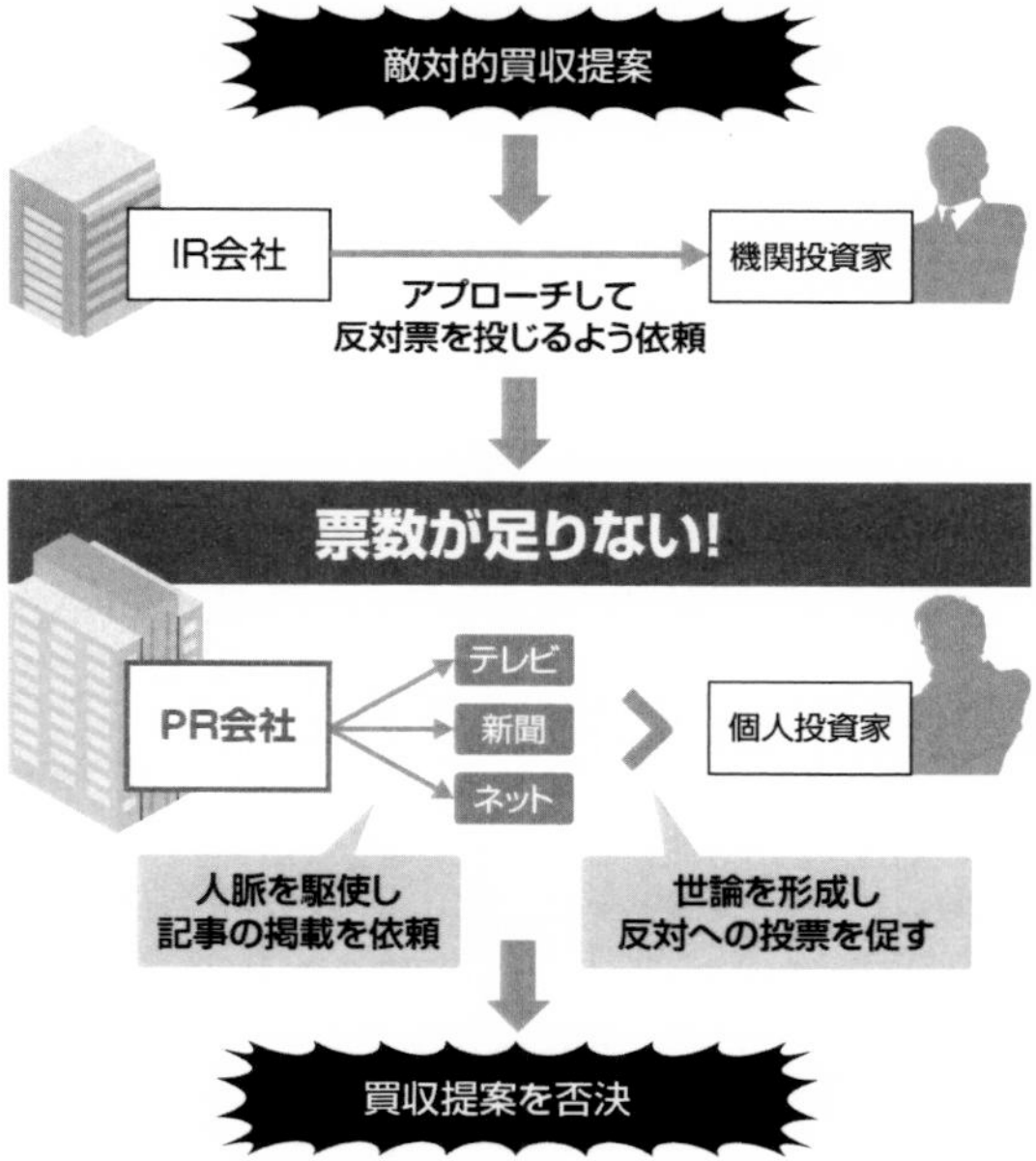

（出所）取材を基に東洋経済作成

企業側は反対票を集めるべく、ＩＲ会社を使い保有株が多い機関投資家に働きかける。それでも票数が足りない場合、次のターゲットとなるのが個人投資家だ。とはいえ、その数は膨大。そこで登場するのがＰＲ会社だ。

ＰＲ会社は、新聞をはじめテレビや雑誌、インターネットニュースといったメディアの記者と接触。買収提案の正当性のなさや疑問点、提案を受けた企業の主張などを記者に説いて記事化を促す。そうして世に出た記事を通じて世論を形成し、個人投資家に反対票を投じてもらうよう働きかけるというわけだ。

「個人投資家は数が多いし、専門用語が並ぶ難しい文書を示しても説得できない。『買収提案がおかしい』とわかりやすくメディアで取り上げてもらえば、個人投資家はなびく。効果は絶大だ」とＰＲ会社の幹部は明かす。

もちろん買収提案した側も、別のＰＲ会社を使って攻勢をかける。そのため、多くの案件でＰＲ会社同士がメディア攻勢を繰り広げ、時にメディアも敵と味方に分かれて報道し合う。

冒頭で紹介したデサントの場合、すでに伊藤忠から多くの株を握られ、勝ち目はほとんどなかった。そのためPR会社は一発逆転を狙い「文春砲」を仕掛けたのではないか、との見方がもっぱらだ。

有事に威力を発揮

このように、株主を中心とするステークホルダーに働きかけるのはPR会社だけではない。IR会社やSR会社というものもある。そこで、それぞれの特徴をまとめたのが次表だ。

■ **働きかける対象に違い** —PR会社、IR会社、SR会社の違い—

PR会社	IR会社	SR会社
Public Relations（公衆）	Investor Relations（投資家）	Shareholder Relations（株主）
公衆を対象にした「空中戦」	投資家を対象にした「地上戦」	既存株主を対象にした「局地戦」
テレビ、新聞、雑誌、ネットニュースなどのメディアを介して話題を提供し、世論の形成を図る	上場企業に課せられる情報開示関連業務を行うほか、投資家に、株を買ってもらったり、提案に賛成してもらったりするための働きかけを行う	既存株主を相手に、質問への対応や、株主総会における事案の説明などを行う

（出所）取材を基に東洋経済作成

3者の大きな違いは働きかける対象だ。それは日本語に訳してみるとわかりやすい。PRは「パブリックリレーションズ」、つまり公衆が対象。膨大な個人株主に対しメディアなどを通じて働きかける、〝空中戦〟を得意とする。

次にIRは「インベスターリレーションズ」、つまり投資家を対象としており、地道に機関投資家などを回って説得する〝地上戦〟が中心だ。そしてSRは「シェアホルダーリレーションズ」で既存株主が対象。ピンポイントの株主を対象としており、〝局地戦〟を得意とする。

こうした違いがあるだけに、前述したような敵対的買収提案をはじめとする案件が発生した際には、SR会社とIR会社がまず動く。劣勢であったり絶体絶命のピンチに陥ったりした際に頼られるのがPR会社で、いわば最後の頼みの綱というわけだ。

そのために、日頃からメディアとの関係構築を怠らない。常日頃から記者とコンタクトして、情報交換はもちろん、記者の興味がある取材のセッティングや、キーパーソンの紹介もする。

最近では、海外の企業や投資家が絡んでいる案件も多いため、海外メディアとも関係を構築している。また、海外での買収案件やM&Aのトレンドなどについても日頃から研究しているという。

有事ともなれば、当然のことながら、相手企業のアキレス腱を徹底的に探る。不採算事業の実態やおかしな会計処理といった事業面や、経営陣の不和や創業家との関係といった「お家騒動」も記者さながらに取材し、メディアへの情報提供に結び付ける。「泥仕合になるので、基本的にはしない」とPR会社の幹部は否定するが、時に経営者のスキャンダルを暴くこともいとわない。

働きかける対象は、メディアにとどまらない。従業員持ち株会や労働組合にもアプローチして、買収後のリストラや待遇などに関するシミュレーションを提示。買収反対の雰囲気を醸成し、声明の発表など社内からも声を上げてもらう。それによって、個人投資家の心証が変わってくるからだ。

「われわれが企業に呼ばれるのは、明らかに劣勢でタイムリミットが迫っているケースが多い。それだけに、少しでも可能性があればなりふり構わず何でもやる。もちろん、常識的なルールの範囲内でだが」とPR会社の幹部は明かす。

事実、こうしたPR会社の攻勢によって、「負け確定」とみられていた企業の側が逆転勝利を収めたケースもある。最後の最後まで諦めないのもPR会社の特徴といえる。

（田島靖久）

5大法律事務所のスター弁護士たち

熾烈を極める企業買収合戦で、参謀を務めるのが弁護士だ。丁々発止の攻防では総合力が求められ、5大法律事務所に頼らざるをえない。どこに頼めばいいのか。それぞれの特徴を追った。

【西村あさひ法律事務所】

「誰もやったことのないチャレンジングな案件を依頼されることが多いし、それを目指している。『アグレッシブ』といわれるのはそのためかもしれない」。そう語るのは西村あさひの太田洋弁護士だ。

例えば武田薬品工業が買収したアイルランドの製薬会社シャイアー。買収金額が約7兆円と巨額であるために、現金と自社株を交ぜて買収した。「日本企業が自社株も用いてクロスボーダーで大型買収をしたのはこれが初めて」（太田弁護士）。

焼き肉店「牛角」を展開するレックス・ホールディングスのMBO（経営陣による買収）も西村あさひだ。日本では当時、少数株主から強制的に株を買い取ることはできないとされていた。だが、全部取得条項付き種類株を用いればできる。これも太田弁護士の発案だった。

「法的手段を駆使してクライアントのゴールをどう実現するか。それを考えるのが西村あさひの特徴だ」（太田弁護士）

東芝機械（現芝浦機械）では有事型の買収防衛策導入を株主総会で可決。同社株のTOBを準備していた村上世彰氏を退けた。買い付け者が現れた後に事後型の防衛策を導入したのは国内初だ。

東京機械製作所は、少数株主の過半数で総会決議をするマジョリティ・オブ・マイノリティ（MoM）で防衛策を導入。アジア開発キャピタルによる東京機械株の大量買い集めを止めた。ＭｏＭで防衛策を導入したのも国内初だ。

「必ずクライアントを目的地に連れて行く。これは故・西村利郎弁護士から連綿と受け継がれるＤＮＡ」（内間裕弁護士）

「許容される法的枠組みの中でどうすれば解決策を提供できるか。そこが知恵の絞りどころ」と内間弁護士は目を輝かせる。

【事務所名】西村あさひ法律事務所【設立年】２００７年（１９６６年）【所属弁護士数】７１３人【主な案件】旧東芝機械・西松建設（村上系ファンドからの防衛）、東京機械製作所（アジア開発キャピタルからの防衛）

（注：プロフィールの見方）設立年（前身の設立年）前身の設立年は複数の前身のうち古いほう。所属弁護士数は外国法弁護士含む。２０２２年２月１日時点。最近の主な敵対的買収案件のクライアント（主な内容）社名は一部略称。（以下同じ）

【TMI総合法律事務所】

田中克郎弁護士らが旧西村眞田法律事務所（現西村あさひ）から独立。1990年に設立したのがTMI総合法律事務所だ。事務所名は創業メンバーの頭文字を取った。統合前の事務所名を並べる他の大手とは違う。

大手からの独立は珍しくない。が、大手と肩を並べるほど大きくなった法律事務所は今のところTMIだけだ。しかもTMIは他の大手とは違い、合併を繰り返して巨大化したわけではない。TMIを除いた「4大法律事務所」と称されることが多かったが、今は5大といわれるほど業容が大きくなっている。

2017年にTMIに移った岩倉正和弁護士もまた西村あさひ出身だ。西村時代は小糸製作所の防衛を担当した。米スティール・パートナーズに狙われたブルドックソース事件では防衛策の導入に携わった。このとき、「マーティン・リプトン弁護士に、ポイズンピルで依頼者を守り、買収者を撤退させたことを褒められた」（岩倉弁護士）。

リプトン弁護士は80年代に世界で初めてポイズンピルを開発した人物だ。最高裁判所は07年にブルドックソースのポイズンピルを有効と認めている。

岩倉弁護士によれば、「日本のM&Aはいろいろな意味で、米国より20～25年遅れている」。だから、米国にあるものを日本に持ってくる「タイムマシン経営」の手法が、法律事務所にも当てはまる。同手法はソフトバンクグループの孫正義会長兼社長が提唱したものだ。米国のM&Aに精通していることが、日本でも重要だと岩倉弁護士はみている。

グローバルな基準で

TMIは海外進出の早さで知られる。1998年には上海オフィスを開設したが、これは大手の法律事務所としては中国進出が最も早い2つのうちの1つ。2011年にはベトナムのホーチミンに進出したがこれも大手初だった。

翌12年にはミャンマーのヤンゴンやベトナムのハノイ、北京にもオフィスを設けた。その後もカンボジアのプノンペン、タイのバンコクと矢継ぎ早に海外進出している。「グローバルな案件にグローバルなネットワークを使って、グローバルな基準で対処できる法律事務所」。岩倉弁護士はＴＭＩの特徴をそう表現する。

【事務所名】ＴＭＩ総合法律事務所【設立年】１９９０年【所属弁護士数】５３３人
【主な案件】新生銀行社外取締役（新生銀行ＴＯＢ）、ユニゾＨＤ（従業員によるＥＢＯ）

【長島・大野・常松法律事務所】

「依頼者にとって最適のアドバイスをするという理念の下、同じ依頼者の案件であっても、同じ弁護士が一人で抱え込むことなく、案件の内容に応じて適材適所で対応する文化が自然に出来上がっている。そのような理念や文化に共感する弁護士たちで事務所は結束している」。清水毅弁護士は長島・大野・常松法律事務所の特徴についてそう語る。

「弁護士はあくまで黒子。弁護士が表立って活躍するかどうかよりも、依頼者にとって本当にベストな助言をし、満足してもらえるかが重要だ」(清水弁護士)

長島・大野ではFAからの紹介案件が多いという。「会社とFA、弁護士が一体となって戦略の幹をつくる。開示書面は弁護士が最初に起案することも多い」(十倉彬宏弁護士)。

長島・大野は敵対的買収の防衛側につくことが多い。相談ベースでは8割が防衛側だ。が、攻撃側につかないと決めているわけではない。「どちらに大義があるかを冷静に見ている。これだったら社会的に意義がある、という案件には積極的に取り組むつもり」(岡野辰也弁護士)。

事業会社同士の道開く

デサントへのTOBでは伊藤忠商事側に、東京ドームでは読売新聞グループ本社側についた。「事業会社が事業会社に敵対的TOBをする。このことは一般的ではなく、説明に工夫が必要だった」（岡野弁護士）。伊藤忠によるＴＯＢは成功し、事業会社同士の敵対的ＴＯＢが増えるきっかけとなった。ＳＢＩホールディングスなど敵対的案件が相次いだ。

関西スーパーマーケットの争奪戦ではオーケー側についたが、エイチ・ツー・オーリテイリング（以下Ｈ２Ｏ）に敗れた。

「裁判の結果に関しては、弁護士としていろいろ思うところもあるが、厳しいスケジュールの中、チーム一丸となって綿密なアドバイスができたと思っている。弁護士の働きに対しては依頼者にも満足していただけたのではないかと思う」と清水弁護士は述懐する。

【事務所名】長島・大野・常松法律事務所【設立年】2000年（1961年）【所属弁護士数】515人【主な案件】オーケー（関西スーパー争奪）、伊藤忠商事（デサントＴＯＢ）、読売新聞グループ本社（東京ドーム株取得）

【森・濱田松本法律事務所】

M&Aの総額で、西村あさひと首位争奪戦を毎年のように繰り広げているのが、森・濱田松本法律事務所だ。金融調査会社のリフィニティブ・ジャパンによれば、2021年の首位は森・濱田、20年は西村あさひだった。

森・濱田は、古くは旧三菱東京フィナンシャル・グループと旧UFJHDの統合、旧ソフトバンクの英ボーダフォン買収、シティグループと旧日興証券の株式交換による三角合併を手がけた。最近ではNTTのNTTドコモ完全子会社化や関西スーパー争奪戦の関西スーパー側、ニトリHDによる島忠買収の島忠側のリーガルアドバイザーを務めた。

訴訟と総会に強い

「新規性の高いM&Aに加え、訴訟と株主総会にも強いのがうちの特徴」と話すのは森・濱田の石綿学弁護士だ。森・濱田には1971年の設立当時から訴訟弁護士が多く、中には約40年間も訴訟一筋の弁護士がいるという。

株主総会の実務を長年請け負ってきたことから、伝統的に総会にも強い。総会屋対策として一括採決方式を編み出したのは、旧森綜合法律事務所（現森・濱田）時代の久保利英明弁護士だった。このことからも森・濱田が総会に強いことは明らかだ。ちなみに久保利弁護士は98年に独立、日比谷パーク法律事務所を開設した。「『裁判にできない』『裁判しても勝てない』と相手側に思わせるM&Aのプロセス、総会運営が大事」（松下憲弁護士）。

関西スーパー側についた関西スーパー争奪戦は、訴訟と総会に強い森・濱田の特徴が生きた典型例だという。一審では関西スーパーとH2Oの経営統合が差し止められたが、二審では認められ、最高裁は抗告を棄却した。「『経営統合を承認可決としていい』と総会の議場で判断したのが最終的には大きかった」（石綿弁護士）。

森・濱田は、買収される側からの依頼を受けるのが基本だ。買う側につくのはレピュテーションリスクが大きいので、かなり慎重に見るようにしている。加えて、大義を感じられないものは受けない。とはいえ、「法律的に正しく、顧客の利益になることからは、リスクがあっても逃げない。そういう意味ではアグレッシブだと思っている」（石綿弁護士）。

M&A法制は変化が激しく、「3年前の知見が使い物にならないこともある」（近澤諒弁護士）。米国では事例研究に厚みがあるが、日本ではまだ歴史が浅い。「最先端の理論を詰めて実務のレベルを上げたいと皆思っている」（近澤弁護士）。研究熱心さも、森・濱田の隠れた特徴だ。

【事務所名】森・濱田松本法律事務所【設立年】2002年（1971年）【所属弁護士数】633人【主な案件】関西スーパー（オーケーからのTOB防衛）、インベスコ・リミテッド（オフィス・ジェイリートへのTOB）、島忠（ニトリHDとDCMHDの争奪戦）

【アンダーソン・毛利・友常法律事務所】

設立70周年を最近迎えたアンダーソン・毛利・友常法律事務所。5大法律事務所の中で最も歴史が古い。前身は米国弁護士のジェームズ・アンダーソン氏が1952年に開設した個人事務所だ。

90年代までは外資系企業が顧客の中心で、海外案件を長年手がけてきた。英文資料の処理が伝統的に多い。案件の大規模化に伴い、今では日本企業が中心だ。

戸倉圭太弁護士は、「クロスボーダー案件での対応力の高さと、総合力の強さが特徴だ」と胸を張る。M&Aには会社法、金融商品取引法、独占禁止法、知的財産法、個人情報保護法、税法とさまざまな法律が関わる。

「各分野で評価機関から最高位の評価を得ている。バランスよく強いために、案件ごとに最適なチームが組成できている」(戸倉弁護士)。縦割りではなく、必要とされる専門家を入れてその都度、チームをつくっているのだという。

「グループ制度をとってはいるが、グループ間のアサインメント(仕事の割り振り)

が容易だ。各グループ担当のパートナーを通さずにフレキシブルにチームをつくれる」（小舘浩樹弁護士）。

対抗ＴＯＢで初の成功

全国紙のランキングで「対応の迅速さ」が大手の中で唯一評価されたのも、「各分野の連携のよさが対応の迅速さにつながっている」（戸倉弁護士）からだ。同ランキングで「料金の適正さ」が評価されたのは「効率的な案件処理を心がけているからだろう」（同）。

敵対的買収については、買収する側につくこともあるという。「受任しないと決めてかかってはいない」（小舘弁護士）。ただし、レピュテーションの悪い人とは組まないほか、嫌われているアクティビスト側の代理人はやらない。「対抗ＴＯＢはニーズに応じて、コンフリクト（既存顧客との利益相反）がない限り、ケース・バイ・ケースでプラクティカルに判断していく」（同）。

ニトリＨＤの島忠への対抗ＴＯＢではニトリＨＤの代理人を務めた。最初は非友好的だったが、途中から友好的に変わり、事業会社同士の対抗ＴＯＢで初の成功事例となった。「外部との連携がうまくいった。依頼者に寄り添うことが成功に結び付いた」（小館弁護士）。

日邦産業のケースでは、フリージア・マクロスによるＴＯＢへの対応と並行して、防衛策の導入を準備。特別委員会を組成し、短期間で必要書面を大量に作成した。

【事務所名】アンダーソン・毛利・友常法律事務所【設立年】２００５年（１９５２年）【所属弁護士数】５４２人【主な案件】ニトリＨＤ（島忠との経営統合）、旧マツモトキヨシＨＤ（旧ココカラファインとの経営統合）、日邦産業（買収防衛策の発動）

一口に大手法律事務所といっても特徴はまちまち。依頼した事務所次第で会社の将来も大きく変わってきそうだ。

（山田雄一郎）

大型案件さらう「コンシェルジュ」

ソフトバンクグループ（ＳＢＧ）の孫正義会長兼社長が厚い信頼を寄せる弁護士がいる。米モリソン・フォースターのケン・シーゲル弁護士だ。米スプリントや英アームの買収で、ＳＢＧの代理人を務めた。

シーゲル弁護士のモットーは、顧客企業のコンシェルジュであること。それはモリソン自体も同様だ。国境をまたぐクロスボーダー案件で、「文化も商慣習も異なる顧客の目となり耳となり、時には顧客に成り代わって、ありとあらゆる戦略を日々練っている」（小田望未弁護士）。

桁違いの世界大手

モリソンが2021年に手がけたM&Aは世界で計2380億ドル（約26兆円）。国内首位の森・濱田や同2位の西村あさひは4兆円台だから、国内大手とは桁違いといえる。

孫氏が頼りにしてきたのはモリソンだけではない。アーム買収では英フレッシュフィールズ・ブルックハウス・デリンガーからも助言を得ている。これもまたグローバルファーム（世界的な法律事務所）だ。つまり、SBGは海外大型案件でグローバルファームを重用してきた。

日本の5大事務所にも外国法の専門弁護士は存在する。なのに最近の重大案件で孫氏に選ばれないのは海外拠点網が不十分だからか。それともまだ柔軟な対応力が不足しているからなのだろうか。

（山田雄一郎）

大規模案件は外資が席巻

しのぎを削るフィナンシャルアドバイザーの実力者たち

私がこの業界に入った頃は、すべてが手探りでした――。あるベテランフィナンシャルアドバイザー（FA）は、こう切り出した。

このFAがM&Aの世界に飛び込んだのは1990年ごろ。今ではそれほど珍しくない100億円規模の案件でも、「メガ案件」と呼ばれていた時代だ。

国内には参考になる事例が乏しく、海外の案件をひたすら研究、弁護士や会計士などと議論を重ねながらさまざまな手法を検討し案件を進めていったという。

当然、FA業務に携わる人も限られていた。そのため、当時のFAは「『この人にお願いする』という、属人的な仕事だった」（前出のFA）という。

ところが、90年代後半に入ると状況が一変する。山一証券の破綻を皮切りに、大手の金融機関の合併や再編が始まったからだ。M&Aは、それまでの身売りや乗っ取りから企業戦略の1つとなり、案件も続々と増えていった。

それとともにFAの働き方も変わる。案件数の増加に伴って経験を積んだ人材も増え、携わるメンバーが個人からチームへ、そして会社へと変貌していったのだ。その結果、「どこの誰を頼るかではなく、どの案件をどの会社に頼むかが重要になってきた」(同)わけだ。

現在、日本のFA業界には、国内勢から外資系まで多くのプレーヤーが入り乱れる。

◆国内系
野村証券
大和証券
三菱UFJモルガン・スタンレー証券
SMBC日興証券
みずほ証券

◆外資系
ゴールドマン・サックス
BofA証券
バークレイズ
ドイツ銀行
UBS
クレディ・スイス
BNPパリバ
JPモルガン
シティ
ジェフリーズ
◆監査法人系
PwC
KPMG

デロイト トーマツ
EY
◆その他
フロンティア・マネジメント
フーリハン・ローキー（旧GCA）
山田コンサルティング
アイ・アールジャパン

それでは、各プレーヤーの特徴を見ていこう。

小口で稼ぐ国内組

国内のプレーヤーの中でも歴史が古いのは野村証券だ。1988年に設立した野村企業情報を中心にM&Aビジネスに取り組んできた。別のベテランFAは、この動きから「有事の際に相談するのは銀行ではなく、証券会社という流れができた」と振り返る。

野村の特徴は、NTTによるNTTドコモ完全子会社化のような国内の大規模案件から中小型の案件まで、幅広く対応できることだ。一方で、主幹事を務める企業が多いことから、「敵対的なTOB案件には消極的」（野村の若手FA）という声もある。

大和証券は中規模の案件に注力し、差別化を図っている。こちらも以前は敵対的な案件に対する抵抗感は強かったが、「最近は必要に応じて受けるスタンスになっている」（大手証券会社幹部）という。今後間違いなく増えてくる需要に対応せざるをえなくなっているわけだ。

国内ではSMBC日興証券や、みずほ証券といった銀行系の証券会社もFA業務に力を入れている。中小型の案件が中心だが、案件数ではほかのプレーヤーを圧倒する。彼らの強みは銀行が持つ顧客基盤だ。「普段からお世話になっているメインバンクの系列証券にお願いしたいという企業は少なくない」（同）。

銀行本体の収益環境が厳しい中、大きな報酬が得られるFA業務は頼もしい存在。

今後もますます力を入れてくることが予想される。

ここまで見てもわかるとおり、国内プレーヤーの多くは中小型案件を多くこなすことで収益を上げている。なぜなら大規模案件の多くは、外資系企業に奪われているからだ。

次表は、調査会社リフィニティブが集計しているM&Aのリーグテーブル（実績表）だ。2021年にアドバイザーを務めた案件の取引総額を基にランキングした。

■ **大規模案件で外資系が存在感** ― 2021年のM&Aリーグテーブル―

順位	社名	金額(億円)	件数(件)
1	ゴールドマン・サックス	60,098	22
2	三菱UFJモルガン・スタンレー証券	59,508	52
3	BofA証券	51,613	25
4	JPモルガン	37,044	16
5	野村証券	32,627	104
6	シティ	24,272	16
7	クレディ・スイス	20,768	8
8	みずほフィナンシャルグループ	20,554	128
9	三井住友フィナンシャルグループ	17,452	142
10	ジェフリーズ	9,313	9

(注)日本企業関連案件　(出所)リフィニティブ

表を見ると、日本企業関連の案件にもかかわらずトップ10の半数以上が外資系であることがわかる。しかし案件数に目を移すと、外資系は多くて20件台。つまり大型案件を〝一本釣り〟して稼いでいるわけだ。

背景には、クロスボーダー案件の増加がある。こうした案件では、外資系に一日の長がある。M&Aの本場、米国で大型案件を豊富に経験してノウハウを蓄積していることに加えて、世界中から投資家を呼び込む力は圧倒的だからだ。そのため、「難しい案件はほとんど米ゴールドマン・サックス」(大手証券会社の若手FA)となってしまうのだ。

そうした中で存在感を見せているのが、リーグテーブルで2位につけている三菱UFJモルガン・スタンレー証券だ。国内と外資の合弁であることから、双方の強みを併せ持つ。大規模なクロスボーダー案件から、銀行のネットワークを生かした中小型の案件まで幅広く手がけることで、順位を上げているのだ。

銀証以外のプレーヤーも

M&Aに専業で取り組む会社もある。このうちGCAは、売り上げの90%をFA業務で稼いでいる。彼らの強みは独立系であること。銀行系であれば、どうしても融資や取引関係のある企業を優先させる傾向にあるが、独立系であれば企業にとって最もよい選択肢を提案できるのだ。

そうした強みが生かされたのが東京ドームの案件だったという。アクティビストから揺さぶりをかけられた東京ドームに対し、異業種の三井不動産を紹介。買収は成立し、アクティビストを追い出すことに成功した。

GCAの幹部は「専業であるため、企業にとってベストな提案が可能なのだ。また人事異動も少ないため長期間にわたって担当者が代わらず、信頼関係を構築できているのも強み」と明かす。

GCAは2021年9月に米投資銀行のフーリハン・ローキーの傘下に入り、22年2月に社名も変更した。連携が深まればますますすごみを増すことになる。

さらに、コンサルティング会社もFA領域への攻勢を強めている。監査法人系のPwCアドバイザリーやデロイト トーマツ グループのほか、独立系のフロンティア・

マネジメントなどだ。

コンサル会社はコンサルティングの一環としてＦＡを担当するため、ほかの会社とは視点が異なる。あるコンサル会社の幹部は「Ｍ＆Ａで稼ぐ会社はあえて高値で買収を成立させようとしたり、必要な事業を無理やり売却させたりしがち」と痛烈に批判、「われわれは企業にとってメリットのあるアドバイスしかしない」と胸を張る。

買収が成立した後も企業に常駐し、統合作業まで面倒を見るというアフターケアもコンサル会社ならでは。ＦＡ業務の単価が安いのも強みだ。

さらに、アイ・アールジャパンもこの領域に参入。株主の情報という強い武器を持つプレーヤーの登場に、警戒心を抱くＦＡは少なくない。

１つの案件で億円単位の報酬が動くＦＡ業務は、高採算ビジネス。今後も新たなプレーヤーによって、序列に変化がありそうだ。


（藤原宏成）

謎の実力者「IRジャパン」

アイ・アールジャパンホールディングスはM&Aに関わる会社の中で、ひときわ謎めいた存在だ。社名にIRとついているが、単なるIR会社ではないからだ。

業績はすこぶる好調で、とくにここ2年ほどの急成長ぶりには目を見張るものがある。中でも、「IR・SRコンサルティング事業」の伸びが顕著だ。

だが、「IRコンサルの取引量はそれほど多くない」と事業子会社アイ・アールジャパン（IRJ）の北村雄一郎取締役は明かす。つまり成長の原動力はSRコンサルにあるというわけだ。

SRとはシェアホルダーリレーションズの略称。既存株主を対象に株主総会などで投票を促すためのコンサルティングが仕事だ。それを実現するための業務は、実に多岐にわたる。

ベースは株主判明調査

業務の中でベースとなっているのが、「実質株主判明調査」だ。業務開始は1997年。すでに四半世紀の蓄積がある。

実質株主とは「本当の株主」、厳密にいえば「支配権（議決権）行使に大きな影響を与える株主」のこと。例えば、株式の名義書換をしていない機関投資家や投資ファンドは通常、株主名簿に現れない。そうした投資家の名前を割り出すのが株主判明調査だ。だがIRJは、それだけでは終わらない。機関投資家やファンドの裏にいる年金基金や大学基金といった支配権行使に影響を与えそうな投資家にまで、深掘り調査をしているのだ。

例えば、世界最大の投資ファンド運用会社である米ブラックロック。IRJは、その背後に大学の卒業生や父兄らの寄付基金であるエンドウメントファンドがいることまでつかんでいる。

通常、投資ファンドに誰が資金を拠出しているのかは明らかにされない。だがＩＲＪはアセットオーナー、つまり〝金主〟が誰なのかまで調査し尽くしているのだ。

なぜそこまでの調査が必要なのか。本来ファンドは、金主の意向に関係なく議決権を行使することができる。しかし重要な議案に対する議決権行使には、金主の意向が強く反映されることが多い。株主総会の行方を見定めるためには誰が金主なのか、しっかりと把握しておく必要があるわけだ。

では、どのようにして実質株主を割り出しているのだろうか。

「膨大なデータを分析しやすいように加工したうえで、ＡＩなどを用いて分析する最高水準のシステムで割り出している。そのために大規模なシステム投資に加え、理系のエンジニアも積極採用している。ＡＩチームやプログラムチームまであるほどだ」（北村氏）

それだけではない。「ＩＲＪには、ファンドマネジャーをはじめ議決権行使の担当者など、１万数千人以上のネットワークがある。そうした人たちとフェース・トゥ・

フェース、ひざ詰めで聞き取り調査を行っている」（同）。つまり高度な分析と泥臭い情報収集が、株主判明調査の「両輪」というわけだ。

データの量も尋常ではない。大量保有報告書などは、オンラインベースのものはもちろん、関東財務局に並んで受け取っていた紙ベースのものまですべてスキャンして保管しているという。

そうして割り出した株主について、本当に正しかったのかという「答え合わせ」にも余念はない。

ＴＯＢ前後の株主名簿を比較。「信託口」などの名称でその中身がわからない、株を保管・管理する「カストディアン名義」の議決権の行使結果をＩＲＪの読みが正しかったのか、すべてチェックしているというのだ。

「機関投資家で資金提供者ごとに異なる議決権行使がなされる『不統一行使』が起きているかなど、すべての投票行動を調べる。ＴＯＢならば投資家ごとの応募行動もチェックする。（賛否の理由が）わからない場合には、わざわざ聞きに行ったりもしている」（北村氏）という徹底ぶりだ。

ＴＯＢの代理人がカストディアンに働きかけても、その背後にいるキーパーソン次第で、議決権行使の行方は変わってしまう。そのためしっかりと把握しておくことが重要で、ＩＲＪはあらゆる投資主体にリーチして調べているのだ。

助言で成長遂げる

現在、株主判明調査におけるＩＲＪのシェアは圧倒的。とはいえ、同調査はそんなに儲からない。となるとＩＲＪの最近の急成長は説明がつかない。

その答えは、ＩＲ・ＳＲ業務の中に含まれる「ＦＡ・ＰＡの助言」業務にある。ＦＡはこれまで見てきたとおりフィナンシャル・アドバイザーのこと、そしてＰＡは株主総会で顧客企業に有利なように票を集めるプロキシー・アドバイザーのことだ。

ＩＲＪは単なるＩＲ業務にとどまらず、こうした新たな業務にウィングを広げ、確実に成長させている。今や５０００万円以上の大型案件のうち、支配権争奪やアクティビスト対応の売上高は実に８割強を占める。

■ 支配権争奪・アクティビスト対応が大半
—IR・SR業務のうち大型案件の内訳—

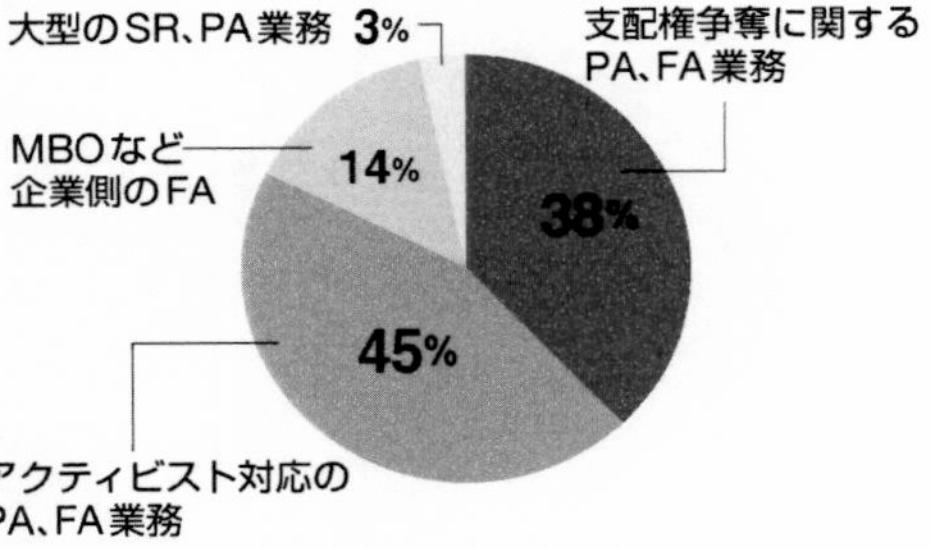

(注)IR・SRコンサルティングの売上高のうち5000万円以上の大型案件の内訳。PAはプロキシー・アドバイザー、FAはフィナンシャル・アドバイザー、SRはシェアホルダー・リレーションの略
(出所)アイ・アールジャパンホールディングスの決算短信を基に東洋経済作成

■ 株主調査では絶対的な存在感
—株主判明調査の顧客シェア—

時価総額	IRJの顧客数	対象社数	受託シェア
2兆円以上	38	78	48.7%
1兆円以上 2兆円未満	35	72	48.6%
0.5兆円以上 1兆円未満	45	133	33.8%

(注)時価総額・受託シェアとも2021年3月末時点。受託シェアはIRJの顧客数を対象社数で割ったもの
(出所)IRJのホームページを基に東洋経済作成

「株主情報の詳細を押さえているからこそ可能だといえる。どちらともやれるのはＩＲＪ以外にはない」と北村氏は胸を張る。

外部要因も追い風だ。昨今、敵対的ＴＯＢや大量買い付けに対して、有事型の買収防衛策を導入して迎え撃つケースが増えている。その際、総会を開催して株主の賛否を問うのが普通になってきた。裁判所が株主の判断を求める傾向があるからだ。そこでＩＲＪの株主判明調査が生きてくるわけだ。

ＩＳＳやグラスルイスといった議決権行使助言会社の説得も、ＩＲＪのいわばお家芸だ。ＩＳＳは買収防衛策の導入・継続には反対が大原則。にもかかわらず、一度ならず防衛策への「賛成推奨」を引き出している。

調査を主体とするＩＲＪは、金融業者が多いＭ＆Ａの世界では極めて異質。北村氏自身、金融知識ゼロの状態で東北電力からＩＲＪに転職。２０００年の入社当時はＩＲツールの作成が主な業務だったという。こうした経歴の持ち主がいるからこそ、顧客目線に立った助言ができるのかもしれない。

金融界の固定観念にとらわれることなく、調査やＦＡ・ＰＡ業務に磨きをかければ、ＩＲＪはさらにＭ＆Ａ業界になくてはならない存在になる。

（山田雄一郎）

PR会社2大巨頭が繰り広げる代理戦争

「あくまでも友好的な買収提案であるということをアピールしてほしい。決して横やりを入れたわけではないんだよと」

2020年9月。PR会社であるボックスグローバル・ジャパンの元に一本の連絡が入った。相手はニトリホールディングス(HD)のフィナンシャルアドバイザー(FA)。ホームセンター大手の島忠の買収案件に関する相談だった。

その段階で島忠は、同業であるDCMHDによる買収におおむね合意し、TOB(株式公開買い付け)に関して、最後の詰めの段階に至っていた。そこに突如、ニトリが参戦することを決めたのだ。

両社が合意している友好的なTOBに新たなプレーヤーが参戦するなど、過去にほとんど例がなく、誰が見ても横やりを入れたようにしか思えない。そうした見方を覆すのは極めて難しい状況で、ボックスが出した結論は、ニトリの似鳥昭雄会長に記者会見で思いを語ってもらい、株主に訴えようという戦略だった。

似鳥氏に対しボックスは、創業の地である北海道から本州に進出した際、島忠を参考にしてきたといったエピソードをちりばめながら、「島忠に対する熱い思いを語ってください」とアドバイスした。

人懐っこく、感情豊かな似鳥氏は、記者会見でアドバイスどおり島忠への思いを存分に語ってムードを変える。結果、島忠がＤＣＭとの買収合意を破棄してニトリからの買収提案を選んだことで、ニトリは買収を成功させた。

ボックスは、商品や事業をアピールするＰＲ会社と違って、こうした資本市場周りのＰＲを得意とする。ＰＲ戦略の策定から始まり、プレスリリースの作成や記者会見の設定、会見での想定問答の作成に至るまで、業務は多岐にわたる。もちろんゴールは依頼者の勝利。そのためにはこうした表面的な活動だけではなく、メディアを使って世論を形成し、さまざまな働きかけも行うわけだ。

ＰＲ会社2社もバトル

最近、ある上場企業の社長はこうぼやく。

「ＰＲ会社に相談したいと思うんだけど、最近は2社しかいないから本当に困る。1社が相手についたら、残ったほうを選ばざるをえないのだから」

■もめる案件の裏にPR会社 ―主な案件の担当PR会社一覧―

PR会社	買い手		売り手	PR会社
		2019年		
VOX	HIS	VS.	ユニゾHD	パスファインド
パスファインド	伊藤忠商事		デサント	VOX
パスファインド	コクヨ		ぺんてる	VOX
		20年		
VOX	ニトリHD	VS.	島忠	パスファインド
パスファインド	前田建設工業		前田道路	VOX
―	シティインデックスイレブンス		東芝機械	パスファインド
パスファインド	コロワイド		大戸屋HD	VOX
		21年		
パスファインド	SBIHD	VS.	新生銀行	VOX
―	アジア開発		東京機械	パスファインド
―	シティインデックスイレブンス		日本アジアグループ	VOX
―	ストラテジックキャピタル		京阪神ビルディング	VOX
VOX	オーケー		関西スーパーマーケット	パスファインド
―	アスリード・キャピタル		ジャパンシステム	VOX
―	フリージア・マクロス		日邦産業	VOX
―	アルファレオ・HD		乾汽船	VOX
VOX	日本製鉄		東京製綱	パスファインド

（注）VOXはボックスグローバル・ジャパンの略、HDはホールディングスの略。「―」はPR会社がついていないもの。■は実質的な勝者　（出所）取材を基に東洋経済作成

前表は2019年から21年までに起きた主な敵対的M&A案件で、売り手陣営と買い手陣営についたPR会社をまとめたものだ。当事者たちは固く口を閉ざすため、周辺取材で明らかにした。

これを見ればわかるとおり、ほとんどの案件でパスファインドとボックスというPR会社がいずれかの陣営についていることがわかる。

例えば、「銀行に対する初めての敵対的買収案件か」といわれたSBIHDによる新生銀行の買収案件では、SBI陣営にパスファインドが、新生銀行陣営にはボックスがついている。このときは、国とSBIに4割近い株を握られていた新生銀行の劣勢を巻き返そうとボックスが猛攻勢をかけ、新生銀行の広報が「ボックスさんに聞いてくれ」と言うほどだった。

関西スーパーマーケット争奪戦では、オーケー陣営にボックスが、対する関西スーパー陣営にパスファインドがついた。このときは、ボックスがオーケーの二宮涼太郎社長を頻繁にメディアに登場させるなど前面に押し出したのに対し、パスファインドはあえて露出を控える戦略を取った。「攻撃を受けて大変という印象を醸成し、株主の同情を誘う戦略だったのでは」(PR会社関係者)とみられている。

このように、劇場型案件ではパスファインドとボックスの2社がどちらかの陣営についている。ついていないのは村上ファンド系の投資ファンドが絡んだ案件くらい。つまり敵対的なM&Aは、「パスファインド対ボックス」という「代理戦争」であるともいえるわけだ。

では、この2社はどのようなプレーヤーなのだろうか。

「純国産」と「外資系」

まずパスファインドは、元記者で国内のPR会社から独立したメンバーなどが10年に立ち上げた「純国産PR会社」だ。

そのため国内案件が基本。PR業務で顧問契約を結んでいる企業も多く、利益相反になる可能性があるためアクティビストの依頼は受けないという。わずか数名という、えりすぐりのメンバーが業務に当たる。

一方のボックスは、米国ワシントンDCに本拠を置くボックスグローバルの日本法人として、やはり10年からスタート。世界最大の戦略コミュニケーションコンサルティング会社である米フライシュマン・ヒラードと姉妹関係にある「外資系PR会社」だ。

元財務官僚の野尻明裕氏がトップに就き、当初はロビー活動を中心に手がけていたが、ニーズに応える形で資本市場周りの案件を手がけるようになった。外資系ということもあって、クロスボーダー案件も得意としている。

業務内容はほぼ同じだが、「ボックスがフルラインナップで実務も請け負うのに対し、パスファインドは助言やアドバイスが中心というイメージ」だと上場企業の財務担当者は指摘する。

こうした両社だが、M&A業界からは「パスファインドのほうが勝率が高い。目利き力が高いのではないか」といった声がよく聞かれる。確かに右ページの表で両社が戦ったケースを見ると、パスファインド側が実質的に勝利を収めているケースが多い。

これについて両社はともに「先に依頼があったほうから受けているだけ」とするが、「ボックスには、無理筋の話でも実現してしまう〝寝技〟のできるスタッフがいるため、どうしようもなくなってから『助けてくれ』という依頼が多い。だから勝率が低い」（PR会社関係者）との見方もある。

ただ、2022年3月にボックスから「寝技のできる」スタッフをはじめ一部が離脱し、新会社を立ち上げる。そのためPR会社が3軸の争いになる可能性もある。

とはいえ「株主のためになるのか」と説き、相手が抵抗したり拒否したりした場合には「経営者の保身だ」と追及するPR戦略のベースに差異はない。違いがあるとすれば、その手段くらいだろう。

【パスファインド】

2010年設立、社員数：数名。戦略マーケティングコンサルティング会社から独立したメンバーが設立。地方案件も含め、国内案件を中心に手がける。ディフェンス、オフェンス双方につくが、利益相反の観点からアクティビストにはつかない。

【ボックスグローバル・ジャパン】

2010年設立、社員数：10人程度。米ボックスグローバルの日本法人。元財務官僚の野尻明裕氏が立ち上げ社長に。当初はロビー活動を中心に展開していたが、PRに軸足を移す。資本市場関連案件に強く、クロスボーダー案件も得意だ。

（田島靖久）

M&Aの「報酬」徹底解説

東京・丸の内は、言わずと知れた「日本一のビジネス街」だ。

それと同時に、M&Aマフィアが住む街でもある。フィナンシャルアドバイザー(FA)を務める証券会社はもちろんのこと、弁護士事務所やIR会社に至るまで、M&Aマフィアたちの多くは丸の内・大手町エリアに本拠を構えている。

日本一というだけあって、オフィスの賃料は圧倒的に高い。にもかかわらず、M&Aマフィアの面々は「需要を考えると、まだまだスペースが足りない。タイミングがあればオフィスを拡張したい」(大手弁護士事務所幹部)と口をそろえる。要するに、それだけ儲かっているわけだ。

M&Aにおいて、企業はアドバイザーに億円単位の報酬を支払っている。その総額のうち、とくに大きな金額を受け取っているのが、FAと弁護士。残りの部分をIR

会社やPR会社が分け合っているようなイメージだ。

もちろん実際には、マフィア同士で取り分の奪い合いをしているわけではない。報酬金額の差は、それぞれの稼ぎ方が異なることによるものだ。

では、彼らはどの程度の報酬をどういう体系で受け取っているのか。詳しく見ていこう。

取引成立で高額報酬

M&Aマフィアのうち、最も大きい金額を手にしているのはFAだ。FAの報酬は「成功報酬型」。M&Aが成立した場合に、取引金額の数%を手数料として受け取る。

手数料率の決め方には一定の原則がある。最も一般的なのが、「レーマン方式」だ。取引金額が5億円までの部分は5%、5億~10億円の部分は4%、10億~50億円の部分は3%、50億~100億円の部分は2%、100億円を超える部分は1%というように、取引金額が大きくなるにつれ、手数料率が下がっていく仕組みになっている。

■取引金額に応じて手数料率が下がる
―レーマン方式の計算方法―

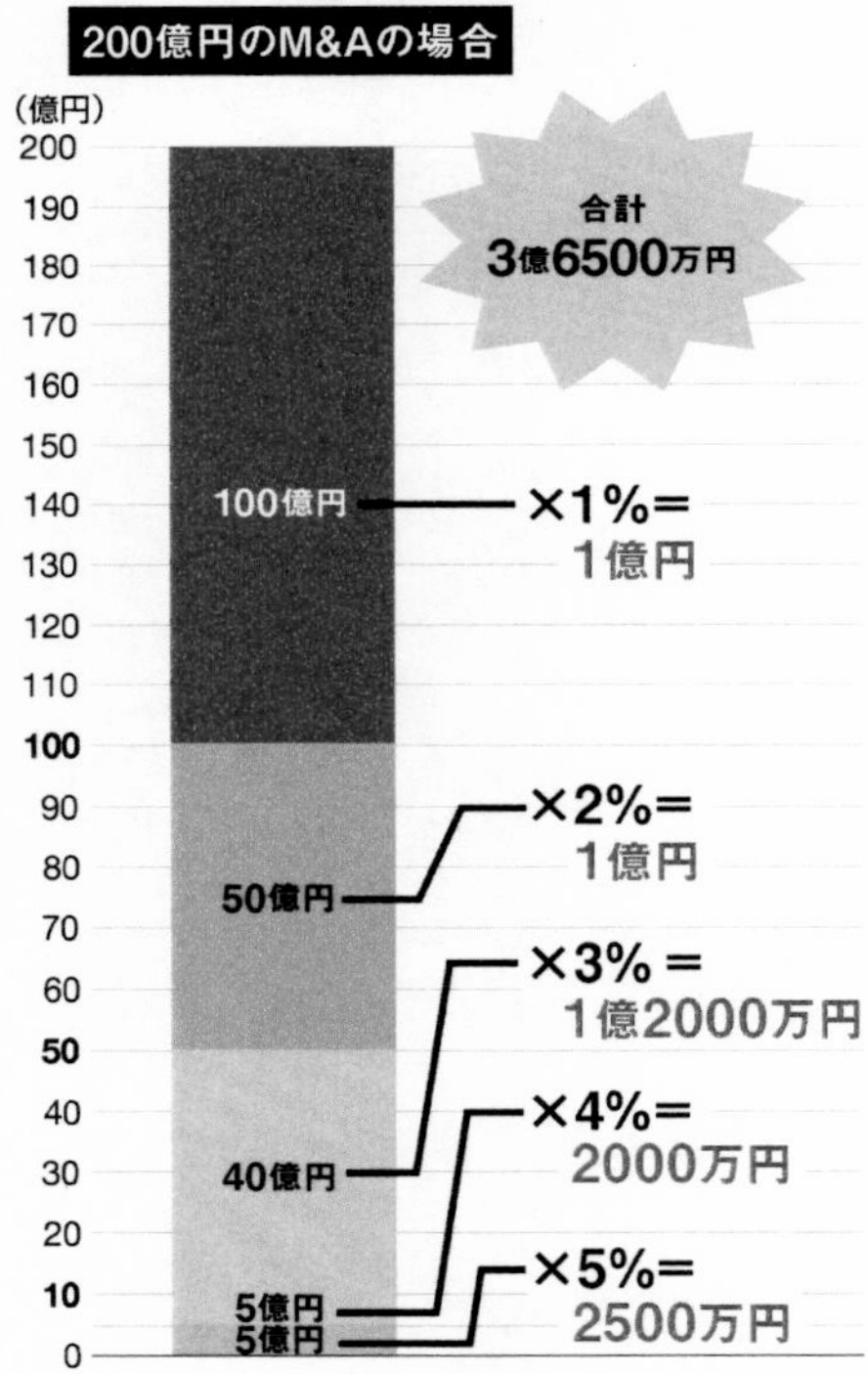

(出所)取材を基に東洋経済作成

先の図は報酬の具体例を示したものだ。仮に取引金額200億円の案件があった場合、受け取る手数料は3億6500万円になる。

ただ買い手側につく場合、顧客のことを考えればより安い金額で取引を成立させるほうがいい。だが、それでは報酬が目減りしてしまう。そこで、引き下げた額に応じて報酬をもらう「逆レーマン」という方法を使うこともある。

とはいえ、「レーマン方式はかなり強気で、割引した水準を提示することがほとんど」（大手証券会社のFA）だという。逆に「中国が絡むクロスボーダー案件など難易度が高い案件の場合は、上乗せ報酬をもらうこともある」（同）という。つまりレーマン方式はあくまで目安で、案件ごとに細かく調整していくというわけだ。

こうした調整があったとしても、成功報酬型であることに変わりはなく、失敗すればタダ働き。そのためFAたちは、何としても案件を成立させようとするわけだ。

そんなFAとは対照的に、安定的な報酬体系となっているのが弁護士だ。

弁護士の報酬体系は「タイムチャージ制」。弁護士一人ひとりに単価が定められており、作業時間に応じて報酬が決まる。「手だれの弁護士であれば、1時間当たり単価は10万円を超える。単価の低い人でも3万円はすると思う」(ある企業の経営者)という。

こうしたタイムチャージ制であれば、取引成立の有無や案件の規模に左右されず、報酬を確実に受け取ることができる。そのため、規模の小さい案件や、案件が成立しなかった場合には、報酬がFAを上回ることも珍しくない。

したがって大手の事務所では、「若手のアソシエイトをたくさん投入するのが常套手段」(大手事務所の弁護士)だという。案件が終了するまでの期間がある程度決まっているM&Aでは、人数を大量に投入することが最も効率的な稼ぎ方だというわけだ。

ところが最近は、企業側もM&Aの経験を積んできて知識やノウハウを蓄積していることから「投入する人数にうるさくなってきた」(別の弁護士)という声もある。したがって、こうした稼ぎ方をいつまで続けられるかは未知数だといえそうだ。

FA、弁護士に次いで大きな報酬を受け取る会計士やIR会社は、提供するサービスごとに「定価」を決めている。

例えば、買収対象となる企業の価値やリスクを会計事務所が調査するデューデリジェンス（ＤＤ）を行う場合、財務ＤＤ１回で２０００万〜３０００万円、税務ＤＤ１回で数千万円という形で報酬を受け取る。

ＩＲ会社も同様で、株主判明調査や株主総会開催支援といったサービスごとに定価がある。中には、「億円単位のサービスを提供しているＩＲ会社もある」（あるＩＲ会社の幹部）というから、質が高ければそれだけ高い価格もつけられるというわけだ。

提供できるサービスのラインナップも影響してくる。複数のサービスを一気通貫で提供することができれば、企業から選ばれる機会が増えるからだ。

海外に劣る報酬水準

Ｍ＆Ａマフィアたちの中で、最も報酬が安いのがＰＲ会社だ。接戦の際には最後の頼みの綱となるにもかかわらず、報酬の水準は「ＦＡや弁護士の１０分の１以下。１つの案件で１５００万円を超えれば高いほう」だとＰＲ会社の幹部は明かす。

ＩＲ会社と比較しても、かなりの差がある。このＰＲ会社の幹部は「企業にＩＲ会社を紹介して、彼らの報酬の数％をもらったことがあるが、ＰＲ業務に対する報酬よりも紹介料のほうが高かった」と苦笑いする。

ＰＲ会社の報酬体系は、弁護士と同じタイムチャージ制。しかし、個人の単価は、最も高い人で数万円にとどまる。

会社自体が少人数で運営されていることもあり、投入される人員は「多くても５人程度」（前出のＰＲ会社幹部）。その結果、ほかのプレーヤーを大きく下回る水準になってしまうわけだ。

こうした報酬を海外と比較してみると、日本では高給取りとされているＦＡや弁護士ですら「桁違いに安い」（Ｍ＆Ａ関係者）のが現状だ。

例えば海外のトップ弁護士は、「１時間で４０万円もの報酬を受け取っている」（同）という。これはあくまで時間給だから、報酬の総額で考えれば、ビックリするほどの金額となる。

ＰＲ会社に至っては、「報酬金額を見た海外企業から『こんな金額で仕事をしてもらえるのか』と不安がられ、追加報酬をもらったこともある」（前出の幹部）という。

一見、高額に思える金融マフィアたちの報酬だが、今後、日本のＭ＆Ａ市場が成熟していくにつれて、さらに高まっていく可能性がありそうだ。

（藤原宏成）

エイリアンか助言者か

アクティビストたちの変貌

「株主提案なのでむげにはできないが、彼らは株価を吊り上げて高値で売却することしか視野にない」

最近、村上系ファンドから事業再編を迫られた企業の幹部は、吐き捨てるように言う。

日本初のアクティビスト（物言う株主）として上場企業を震撼させた村上世彰氏。一時は鳴りを潜めていたが、今なお娘の絢（あや）氏や村上ファンド出身者らが代表を務める投資ファンドを通じて、大きな影響力を持ち続けている。

最近では2019年に経営危機に陥っていたレオパレス21に取締役全員の解任を求めたり、西松建設に2000億円の自社株買いを求めたりして注目を集めた。そのため冒頭の幹部のように、いまだ企業が恐れている存在だ。

狙われた企業からすればたまったものではなく、けむたいことこの上ないだろうが、資本市場を俯瞰してみれば評価は変わる。例えば、2006年に阪神電気鉄道と阪急ホールディングスが経営統合した際、きっかけをつくったのは村上氏だし、19年に出光興産と昭和シェル石油が経営統合した際に出光の創業家を説得したのも村上氏。業界再編に一役買っているとの評価もあるのだ。

『アクティビストの衝撃』（中央経済社）の著書もあるみずほ証券エクイティ調査部の菊地正俊パン・アジアチーフ株式ストラテジストは、「確かに村上さんは〝劇薬〟だが、市場で果たした役割もある。日本企業は横並び意識が強いため、ある企業が大規模な株主還元を迫られたら、ほかの企業もバランスシートを改善しいい方向に進む。日本企業は明らかに資本効率が悪く、事業再編も遅れており、村上さんのようなアクティビストの存在が必要なのかもしれない」と指摘する。

日本人スタッフが前面に

村上ファンドの登場以降、日本にも米国や香港などからアクティビストたちが続々と上陸している。だが、村上ファンドに対する日本企業のアレルギー反応を目にして、ソフト路線を打ち出すファンドも多い。

自らを「対話を重視するエンゲージメントファンドだ」と言ってみたり、「フレンドリーファンド」「物聞く株主」などと称したりして、友好的な姿勢を見せているのだ。何も名称だけではない。対話に長けた優秀な日本人スタッフもそろえている。

2019年に新生銀行に対し自らを社外取締役に選任することなどを要求したジェイミー・ローゼンワルド氏が率いる、米ダルトン・インベストメンツ。20年に英国で「ニッポン・アクティブ・バリュー・ファンド」を立ち上げ、積極的姿勢をさらに加速しているが、グループには「物腰がとてもソフト」（菊地氏）なJPモルガン証券出身の林史朗氏がおり、絶妙なバランスを取っているという。日本での人脈も豊富な林氏は、ベトナム子会社の不祥事で揺れていた樹脂製造会社の天馬に、非常勤の社内取締役として迎え入れられた。

20年にTBSホールディングスが保有する東京エレクトロン株を吐き出させるのに成功した英アセット・バリュー・インベスターズ（AVI）は、米ゴールドマン・サックス東京オフィスから移籍した女性アナリストらが活躍し、投資先にも評判がいい。

20年にサン電子に行った4人の取締役解任の株主提案が可決され話題になった、セス・フィッシャー氏が率いる香港のオアシス・マネジメントは、20年4月に東京オフィスを開設。生命保険会社出身の有能な日本人スタッフらを抱えて、積極的なエンゲージメントを行っている。

日本のアクティビストも同様だ。マネックスグループ代表執行役社長CEO（最高経営責任者）の松本大氏が取締役会長を務めるカタリスト投資顧問は、個人投資家向けのアクティビストファンドを設立、投資家向けに毎月ユーチューブで説明会を開いている。JPモルガン銀行などを経て副社長に就任した小野塚恵美氏は対話に長け、実績を積み上げているという。

菊地氏は、「うまくいっているアクティビストは、確かなディシジョンメイキング（意思決定）ができるヘッドがいて、その指示の下に有能な日本人スタッフが機能している」と解説する。

増える建設的な提案

かつてアクティビストといえば、無理筋の株主提案を投げかけて、半ば強引に株主還元策を引き出すイメージだった。しかし最近では、投資先の事業内容を丁寧に調べ上げ、聞くに値する建設的な提案をすることが多い。

そもそもアクティビストの提案は、投資先との対話がうまくいかなかったときに公表されて表面化する。水面下の対話がうまく運び、株主還元や経営改革に結実する事例も数多くあるのが実態だ。

というのもアクティビストたちは、投資先1社に数十億円から数百億円の費用を投じるため、「一つしくじると、損失は巨額なものになる」（菊地氏）。中には1社の調査に1億円以上かけるファンドもあり、投資先の企業価値を確実に向上させるためにスタッフ総動員で株主提案を練り上げているのだ。

「狙われるのにはそれ相応の理由がある。狙われた会社は、早い段階からアクティビストをうまく使って経営改革を進めたほうが建設的だ」と菊地氏は言う。

新型コロナウイルスの感染拡大もあり、このところ米サード・ポイントや米エリオット・マネジメントといった大規模ファンドは、日本での新規投資を行っていないもよう。そのため一部には、「日本におけるアクティビストの活動はピークアウトしている」との見方もある。

しかし、米バリューアクト・キャピタルがセブン&アイ・ホールディングスに事業再編を迫るなど、海外のアクティビストの存在感は依然大きい。コロナ禍が落ち着きを見せた頃、再びアクティビストが猛威を振るう可能性もある。

（森　創一郎）

多種多様なファンドが日本企業を狙う ―タイプ別の主なアクティビスト―

企業への姿勢	ファンド名	拠点地域	主な提案内容	主な投資先
超アグレッシブ	村上系ファンド（シティインデックスイレブンス、レノ）	シンガポール・日本	株主還元、TOB	日本アジアG、ヨロズ
	ストラテジックキャピタル	日本	自社株買い、持ち合い解消	浅沼組、有沢製作所、世紀東急
アグレッシブ	エリオット・マネジメント	米国・英国	株主還元、M&Aアービトラージ	ソフトバンクG、アルプスアルパイン
	ザ・チルドレンズ・インベストメント（TCI）	英国	環境保護、株主還元	J-POWER
	エフィッシモ・キャピタル・マネジメント	シンガポール	取締役選任、株主還元	東芝、リコー、川崎汽船
	スパークス・アセット・マネジメント	日本	取締役選任、株主還元	帝国繊維、森永製菓
	キング・ストリート・キャピタル・マネジメント	米国	自社株買い	東芝
	リム・アドバイザーズ	香港・英国	株主還元、定款変更	ユニデンHD、平和不動産
	オアシス・マネジメント	香港	定款変更、リストラ	片倉工業、東京ドーム、任天堂
	RMBキャピタル	米国	スピンオフ、役員選任	三陽商会、フェイス
	3Dインベストメント・パートナーズ	シンガポール	ガバナンス改善	東芝
	ニッポン・アクティブ・バリュー	英国	株主還元	荏原実業、日本電計
建設的	ファラロン・キャピタル	米国	資本政策の見直し	東芝
	サード・ポイント	米国	スピンオフ、取締役選任	ソニーG、セブン&アイHD、スズキ
マイルド	シルチェスター・インターナショナル・インベスターズ	英国	資本効率性改善	日本触媒、フジ・メディアHD
	ブランデス・インベストメント・パートナーズ	米国	持ち合い解消、株主還元	大塚家具、小野薬品、ローム
	インディペンデント・フランチャイズ・パートナーズ	英国	選択と集中	キリンHD
	アセット・バリュー・インベスターズ	英国	持ち合い解消、株主還元	日鉄ソリューションズ、TBSHD
フレンドリー	ファーツリー・パートナーズ	米国	取締役選任、自社株買い	JR九州
	ダルトン・インベストメンツ	米国・日本	役員選任、事業再編	天馬、エイベックス、新生銀行
	タイヨウ・ファンド	米国	IR改善、株主還元	NISSHA、Jトラスト、ローランド

（注）社名は一部略称　（出所）みずほ証券エクイティ調査部の資料を基に東洋経済作成

勢いを増すM&Aマフィアたち

「日本のM&Aは欧米に比べて20年は遅れている。だから投資ファンドやアクティビストなど欧米勢のやりたいようにやられている」

ある投資ファンドの幹部は、日本のM&Aの現状に関してそのように指摘する。

事実、英金融情報会社のリフィニティブによれば、2021年の世界のM&A総額は、過去最高の673兆円。うち米国が428兆円と6割超を占めている一方、日本は増加こそしているものの20兆円に届かないレベルで、圧倒的な差が生まれている。背景としてはもちろん企業の時価総額の違いもあるが、M&Aの歴史によるところが大きい。

米国でM&Aが生まれたのは1900年代前半のこと。70年代に入って本格化し、企業はM&Aにより規模の拡大を追求した。しかし80年代に入ると、肥大化した企業の効率性が問題視されるようになり事業売却が増加。短期間のうちに買収と売却を経験したことで、M&Aが定着したといわれる。

その過程で、借入金を活用した買収（LBO）など、さまざまな手法が生み出されて多様化。それとともに、株主の権利や利益を守るといったモラル面も重要視されるようになり、公平性の担保や情報開示のあり方、そして少数株主の保護といったさまざまなルールが確立していったという。

ひるがえってその頃の日本といえば、乗っ取り屋や仕手集団が跋扈（ばっこ）していた時代。2000年代に入って村上ファンドが登場し、日本初の敵対的買収を仕掛けたことをきっかけに、ようやくM&Aという言葉が使われ始めたというスピード感で、彼我の差は明らかだった。

ルールが緩い日本

それだけに、M&Aのルールをめぐるルールの整備においてもかなり遅れている。

日本において、明確なルールが定められたのは2007年9月のこと。経済産業省が策定した「企業価値の向上及び公正な手続確保のための経営者による企業買収（MBO）に関する指針」、通称「MBO指針」だ。これは、利益相反などが起きやすいMBOを実施する際に、公正性を確保する目的で定められたものだ。

それから10年余りが経過した19年6月。実務や裁判例が蓄積したことに加えて、企業の経営環境が変化したことなども踏まえて、経産省はMBO指針の見直しに乗り出す。そして発表されたのが「公正なM&Aの在り方に関する指針―企業価値の向上と株主利益の確保に向けて―」だ。

この中では、法務や財務のアドバイザーなど外部専門家の関与を得ることが望ましいとしたうえで、専門性を有する独立した第三者評価機関から「フェアネスオピニオン」を取得することの意義が述べられている。

また、一般株主にとってより有利な取引条件を導くために、他の買収者による買収提案の機会を確保するいわゆる「マーケットチェック」、そして買収者と利害関係を共通にしない株主が保有する株式の過半数に当たる支持を得ることを、M&A成立の前提条件としてあらかじめ公表する「マジョリティ・オブ・マイノリティ条件」の設定もうたうなど、欧米流のルールが輸入されている。

指針は改訂されたが実効性に疑問も

M&Aに関する指針の概要

2007年 9月4日	「企業価値の向上及び公正な手続確保のための経営者による企業買収（MBO）に関する指針」

↓ 改訂

19年 6月28日	「公正なM&Aの在り方に関する指針 ー企業価値の向上と株主利益の確保に向けてー」

- 「第三者委員会の設置」を「独立した特別委員会の設置」に改訂
- 外部専門家の独立した専門的助言等の取得（フェアネスオピニオン）
- 他の買収者による買収提案の機会の確保（マーケットチェック）
- マジョリティ・オブ・マイノリティ条件の設定
- 一般株主への情報提供の充実とプロセスの透明性の向上
- 強圧性の排除

しかし…

指針に反したからといって直ちにその取引が不公正・違法と評価されるわけでも、形式的に指針に従いさえすればその公正性・適法性が保証されるわけでもない

（出所）取材を基に東洋経済作成

だが、これはあくまで指針であり、実務上の対応や措置を提示したもの。会社法などの規制が追加されたわけでもなければ、解釈が示されたわけでもない。つまり、「裁判などに発展した場合、指針に従っていたほうが条件決定のプロセスが『公正』であったと裁判所に評価されやすくなるというメリットはある。だが法的拘束力はなく、絶対に従おうというインセンティブは生まない代物」（投資ファンド幹部）という評価がもっぱらだ。

そのため、「ルールが緩い日本で好き勝手やっている投資ファンドも少なくない」（同）といい、「M&Aプレーヤーから見れば、日本はまだまだブルーオーシャンだ」と別の投資ファンド幹部は笑う。

成長過程で重要性が増す

直近こそコロナ禍の影響もあってブレーキがかかっているものの、ここしばらくは右肩上がりのトレンドが続いており、「コロナ禍が落ち着けば再び加速することは間違いない」と投資ファンド関係者は口をそろえる。

世界的に見てまだまだ市場の成長余地がある状況を考えれば、今後、特集で見てきたようなプレーヤーたちの重要性はますます高まる。ルールが緩い現状では、専門性が求められるためなおさらだ。日本のM&A市場において、今後、M&Aマフィアたちはさらに勢いを増しそうだ。

（田島靖久）

【週刊東洋経済】

本書は、東洋経済新報社『週刊東洋経済』2022年3月12日号より抜粋、加筆修正のうえ制作しています。この記事が完全収録された底本をはじめ、雑誌バックナンバーは小社ホームページからもお求めいただけます。

小社では、『週刊東洋経済eビジネス新書』シリーズをはじめ、このほかにも多数の電子書籍ラインナップをそろえております。ぜひストアにて「**東洋経済**」で検索してみてください。

『週刊東洋経済eビジネス新書』シリーズ

No.386　会社とジェンダー
No.387　全解明　経済安全保障
No.388　ソニー　掛け算の経営
No.389　2050年の中国〔前編〕
No.390　2050年の中国〔後編〕

No.391　相続の新常識
No.392　無敵の文章術
No.393　物流 頂上決戦
No.394　すごいベンチャー２０２１〔前編〕
No.395　すごいベンチャー２０２１〔後編〕
No.396　米国株 超入門
No.397　ビジネスと人権
No.398　無敵の話し方
No.399　ＥＶ 産業革命
No.400　実家のしまい方
No.401　みずほ　解けない呪縛
No.402　私大トップ校　次の戦略
No.403　ニッポン再生　７つの論点
No.404　マンション管理

No.405　学び直しの「近現代史」
No.406　電池　世界争奪戦
No.407　定年格差　シニアの働き方
No.408　今を語る16の視点　2022
No.409　狙われる富裕層
No.410　ライフシフト超入門
No.411　企業価値の新常識
No.412　暗号資産&NFT
No.413　ゼネコン激動期
No.414　病院サバイバル
No.415　生保　最新事情

週刊東洋経済eビジネス新書　No.416
M&Aマフィア

【本誌（底本）】
編集局　田島靖久、藤原宏成、山田雄一郎
デザイン　熊谷直美、伊藤佳奈、杉山未記
進行管理　三隅多香子
発行日　2022年3月12日

【電子版】
編集制作　塚田由紀夫、長谷川　隆
デザイン　大村善久
表紙写真　梅谷秀司
制作協力　丸井工文社

発行日　2023年1月5日　Ver.1
発行所　〒103-8345
東京都中央区日本橋本石町1-2-1
東洋経済新報社
電話　東洋経済カスタマーセンター
03（6386）1040
https://toyokeizai.net/
発行人　田北浩章

電子書籍化に際しては、仕様上の都合などにより適宜編集を加えています。登場人物に関する情報、価格、為替レートなどは、特に記載のない限り底本編集当時のものです。一部の漢字を簡易慣用字体やかなで表記している場合があります。本書は縦書きでレイアウトしています。ご覧になる機種により表示に差が生

※本刊行物は、電子書籍版に基づいてプリントオンデマンド版として作成されたものです。